No Pain,
No Gain

SATO MIKIO

人間的に成長する集団を目指して 札幌山の手高校ラグビー部の挑戦

佐藤幹夫
札幌山の手高校ラグビー部総監督

まえがき

36年前。私は当時、やんちゃな生徒ばかりが集まる、札幌山の手高校に教員として赴任しました。

高校時代にラグビーと出会い、大学4年間でのめり込んでいった私は、「悪いことばかりする生徒たちに、ラグビーを通じて更生してほしい」「仲間の大切さを感じて欲しい」という想いで、ラグビー部を立ち上げました。

当時は不良文化の全盛期。タバコやバイク、喧嘩などは日常茶飯事でした。

26歳と若く、血気盛んだった私は、やんちゃな子たちに立ち向かい、説得し、一人またひとりと、ラグビー部の仲間が増えていきました。

そしてラグビー部創設13年目にして、初めて花園への出場を決めると、そこから南北海道大会で15連覇を達成。

さらには、リーチマイケルを筆頭に、教え子が日本代表やリーグワン、社会人チーム、大学で活躍してくれています。

彼らに負けじと、学生時代は悪さをしていた生徒たちが社会人になり、地域に貢献したり、自分の子どもを山の手ラグビー部に入れてくれたりと、様々な形で恩返しをしてくれています。

山の手高校ラグビー部は、多くの方々のサポートのおかげで、素晴らしい環境でトレーニングに打ち込むことができています。

たとえば食事。私が生徒のためにお弁当を作っていた頃、応援してくれる人々のおかげで、たくさんの米や肉、魚、野菜、冷凍食品などが集まってきました。

毎日トレーニングをして、皆様から提供していただいたものを食べ、山の手高校ラグビー部の生徒は、みるみる成長していきました。

２０２０年には、夢にまで見た人工芝のグラウンドができ、立派な選手寮も完成しました。

北海道を始め、全国から志のある選手が集まり、切磋琢磨しながら日々成長しています。

チームスローガンは「ノーペイン、ノーゲイン(No pain, no gain：努力なくして得るものはない)」です。

この言葉にはたくさんの意味が込められています。

困難から逃げずに立ち向かい、努力を重ねることで、本当の意味での勝利を手にすることができる。

そんな力強いメッセージを胸に、歴代の山の手高校の部員たちは、一生懸命頑張ってくれました。

ラグビーは私に、多くのことを教えてくれました。

信じること、諦めないこと、仲間を大切にすること。そしてなにより、人と人とを結ぶ絆の強さと温かさ。

私ひとりの力では、ここまで来ることはできなかったでしょう。

本当に、たくさんの方に助けていただき、山の手高校ラグビー部は一歩一歩、成長してきました。

この本には、私の指導哲学とこれまでの歩みを記しました。

ラグビーの指導者はもちろんのこと、夢を持ち、教員という職業を選んだ方々。

そしてラグビーやスポーツ、子どもたちの教育に関わる方々にも、読んでいただけたら幸いです。

札幌山の手高校ラグビー部・総監督　佐藤幹夫

目次

1 やんちゃな学生時代を経て教師に

2 札幌山の手高校ラグビー部

3 リーチ マイケルと過ごした日々

4 地域の人に助けられて成長

5 佐藤流指導法

構成◎鈴木智之
カバー写真◎日刊スポーツ／アフロ
写真◎武田敏将
　　　著者提供
制作協力◎札幌山の手高等学校
　　　　　東芝ブレイブルーパス東京
　　　　　モメンタムスポーツ株式会社
装幀・本文組版◎布村英明
編集◎柴田洋史（竹書房）

SAPPORO YAMANOTE

1

やんちゃな
学生時代を経て
教師に

やんちゃで活発だった少年時代

私は1961年、小樽市祝津で生まれ育ちました。

祝津は石狩湾に面した漁師町です。にしん漁で栄えた町で、北海道有形文化財に指定された『鰊御殿（にしんごてん）』で有名な場所でもあります。

私が小樽に来たのは、2、3歳の頃でした。小学校の教員だった父の転勤に伴い、祝津にやって来ました。

私が通っていた小学校は、1学年に男子7人、女子14人程度。小さな学校でした。

いまでこそ、父に倣って教師をしていますが、子どもの頃の夢は、銀行員になることでした。

理由は単純。銀行員になれば、お金をたくさん稼ぐことができると思ったからです。

母親に「大人になったら、銀行員になる！」と言ったところ「人のお金を数えて、何が楽しいの」と言われたので「たしかにそうだな。じゃあ銀行員は止めよう」と。単純な子どもでした。

祝津には漁業組合があり、漁師がたくさん住んでいました。

海に潜って、あわびやウニを獲ってきたり『トド岩』と呼ばれる、トドにそっくりの岩へ泳いで行ったりと、活動的な子どもでした。

友だちと水族館にしのび込んで、魚釣りをしたこともありました。冬の間は閉館するので、そのときを狙って行ったのです。

大きなブリを狙ったのですが、垂らした釣り糸を食いちぎられてしまいました。「次こそは！」と思い、釣り堀用のプールに放流されていた魚を狙いました。

なぜ釣り堀に魚がいるのかを知っていたのかというと、鼓笛隊の活動で演奏していたときに見かけたのです。ちなみに鼓笛隊では、大太鼓を叩いていました。

そして狙い通り、釣り堀でソイをゲット。意気揚々と家に持ち帰ると、母親に「そんな魚、どこで釣ってきたの？」と訝しがられたのですが「釣りをしている人からもらったんだ」と嘘をついて、我が物顔で食べました。

毎日のように外を駆け回り、ときにやんちゃなこともしながら、のびのびと過ごし、小樽市立北山中学に進学しました。

当時は校内暴力全盛期。不良がたくさんいました。

私自身は不良ではなかったのですが、腕っぷしが強いこともあり、同級生に泣きつかれ、ケンカの助っ人に駆り出されることがしょっちゅうでした。

体はそれほど大きくはなく、運動神経も特別良かったとは思いませんが、パワーがありました。ヘッドロックや絞め技が得意で、ケンカも強かったんです。

あるとき、同級生が「○○中学に殴り込みに行くぞ！」と血気盛んにやってきました。○○中学は、父親の勤務先です。自分が行くわけにはいきません。「俺は行かないよ」と言って断ったのですが、その晩、父親から「お前の学校の生徒が押しかけきたぞ！どういうことだ！」とめちゃくちゃ怒られました。

父は芸術家肌で、美術の教員をしていました。家には父が描いた絵がたくさんあり、北海道展の会員で審査員をしたりもしていました。

母は書道家です。私は家の中では審査員で、母の書を見ては「あっちがいい」「こっちがいい」と審査していました。

しめ縄売の元締めをする

高校は小樽潮陵高校に進学しました。自由な校風の学校でしたね。

高校1年生のときに、正月に飾る『しめ縄』を売るアルバイトをしました。元締めはチンピラのような人で「売上の10％をやるから売ってこい」と言われたのです。

これはおもしろそうだと思い「やります！」と答えて、知り合いや親戚に売りまくりました。その結果、１００万円ほどの売上になりました。当時の高校生からすると、途方もない金額です。

そこでふと我に返り「たくさん売ったにも関わらず、たった10万円しかもらえないのか…」と思った私は、翌年、自分で元締めをすることにしました。

高校生を20人くらい集めて「売り上げの15％をあげるから売ってこい」と、彼らに指示を出しました。売り役は二人一組にして、友達の西本君が建設会社の社長の息子だったので、廃材をもらってソリを十台作りました。

運転手も雇って自分で仕入れに行き、Ａセット Ｂセット Ｃセットと、金額に応じてランクを分け、セット販売しました。これが大当たりして、相当儲けました。どうやら商才があったようです。

後に調べてわかったことですが、母方の先祖は大阪商人でした。大阪から小樽に渡ってきたそうです。

ちなみに母方の祖父は、銀山に手を出して破産したそうです。

当時の小樽潮陵高校は何かと自由な学校でした。制服はなく、私服で通うことができたので、それをいいことに悪いこともよくしてました。

たくさんのお金を稼ぐことができた、しめ縄売りですが、高校3年生のときにはできなくなってしまいました。

「変な高校生がいる」と噂になってしまったのです。

高校生が儲けていたのが気に食わなかったのでしょう。大人から圧力がかかり、その商売は終わってしまいました。

修学旅行で腕相撲対決

高校時代の修学旅行は、寝台列車に乗って、京都・奈良への旅でした。

京都での夜、友達が熊本の水産高校とケンカになり、私が仲介役になりました。私はとっさに「腕相撲で決着をつけよう！」と言いました。

「タイマンでもいいが、ケンカがバレてお互い、地元に帰されたらいやだよな」と言うと、「そうしよう」となり、皆が応援する中、私と熊本の不良との腕相撲対決が始まりました。

結果は瞬殺で私が勝利、その場を収めることができました。

先日、高校の同窓会があり、現在はミュージシャンとして活動する、同級生のミミ山田君に会ったらその話になり、「幹夫は凄い！」と言われました。40年以上経ったいまでも忘れられない出来事だったそうです。

ラグビーとの出会い

ラグビー部に入ったのは、たまたまとしか言いようがありません。

でも、このときの出会いが私の人生を形作っているのだから、どこにターニングポイントがあるのかは、わからないものです。

高校生のとき、同じクラスにラグビー部の鷹島君がいました。

私はがっしりとした体格でパワーがあったので「今度、新人戦があるんだけど、ラグビー部には14人しかいないんだ。幹夫くん、試合に出てくれない？」と頼まれました。

当時の私はラグビーに疎かったので、ルールも何もわかりませんでした。中学生のときはスキー部でしたから。

そうはいっても、頼み事をされると断れない性分なので「わかった。やるよ」と言って試合に出ました。

そうしたら、たまたま自分のところにボールが来て、トライを決めることができたんです。

その瞬間、私の人生にラグビーという光がパッと灯りました。

などと言うと綺麗ですが、実際はそうスムーズに行ったわけではありません。

ラグビー自体はすごく楽しかったのですが、顧問の先生にラグビー経験はなく、たまにＯＢが来て教えてくれる程度で、ラグビー部自体も、活発に活動していたわけではありませんでした。

そんなわけで、ラグビー部にはときどき助っ人で参加するにとどまっていました。

新聞と柔道で全道へ

高校時代は、新聞局で活動をしていました。中学時代の友達が入っていて、「新聞局は楽しいぞ」と誘われたのがきっかけです。

取材活動も楽しかったです。私が扱っていたテーマは「なぜ小樽潮陵高校は私服なのか」でした。

かつての学生が「自由化だ！」と言って、地面に穴を掘って学帽を入れて焼き払ったことがあったそうです。

調べていくうちに「こんなことがあったのか！」と面白くなり、新聞制作にのめり込んでいきました。

その後、ラグビーや柔道を始めたため、私自身は休部状態だったのですが、3年生になると、名前だけ局長という肩書がつきました。

「局長って、何をすればいいんだ？」と同級生に尋ねると「先生から圧力がかかったときに、検閲権を主張してほしい」というのです。いわば新聞局の盾です。

後に面白い再会があり、新聞局にいた同級生が、小樽潮陵高校の校長になりました。彼から、私がいる山の手高校に「新聞局が取材したがっているんだけど、いいかな？」と連絡が来ました。それで、学生から取材された際に数々のエピソードを話したら「ラグビー、柔道、新聞と、異なる3つの部活動で全道大会に出場」と書いてくれました。

新聞局にも全道大会がありました。

名ばかりの局長でしたが「他校の生徒に絡まれたときに、盾になってくれ」という理由で、私も全道大会に参加していたのです。

新聞局の全道大会では、それぞれの学校が新聞を作って持ち寄り、発表しました。私がいた頃は大した活動はしていなかったのですが、何十年も後に、後輩たちが、全道大会で優勝したようです。

高校時代、新聞部の活動以上にのめり込んでいたのが柔道です。

2年生のときに、体育の授業で柔道部の生徒に思いっきり投げ飛ばされました。それに腹が立ち「あいつに勝つまでは柔道をやる!」と決めて、柔道部に入ったのです。

結局、最後まで彼に勝つことはできなかったのですが、後に進む国士舘大学で柔道二段を取るまでになり、教員になってからも、その技や精神が大いに役立ちました。

そして柔道でも、全道大会に出場しました。顧問は、全日本の大会に何度も出場し、後に、北海道柔道連盟の会長になった山本典夫先生でした。

山本先生はとにかく強くて、乱取りをしてもびくともしません。石のように重くて固かったんです。

そんな実力者と毎日、乱取りをしていたので、実力がめきめきとついていきました。

柔道の団体戦では小樽で準優勝し、全道大会に出場しました。

柔道の大きな大会は6月にあったので、それ以降、真剣にラグビーに取り組み始めました。

そして小樽で優勝し、全道大会に出場。当時はウイングとして、持ち前の逃げ足の速さ、体の強さを活かして、まっすぐ走り、相手にぶつかったら弾き倒すようなプレースタイルでした。

滑り込みで国士舘大学へ

小樽潮陵高校は進学校でしたので、国立大学に行く学生や医者になる生徒も多く、大学受験に失敗した人は浪人し、予備校に通っていました。

私は勉強に熱心ではなかったので、現役ではどこの大学にも受かりませんでした。そして、周りの友達も行っていたこともあり、予備校に通うことにしました。

その頃、兄が北海道教育大学を出て、札幌市の中学校に教員として赴任することになりました。兄が赴任したのは、荒れて不良がたくさんいる学校でした。

あるとき、兄から「一度、うちの学校を見に来い」と言われて、行ったことがありました。そうしたら髪を染め、制服を着崩した生徒がたくさんいて、兄がその様子を見ながら「俺みたいに教育大を出て、真面目に勉強してきた人間には、あいつらの気持ちがわからん。お前のように、悪いことばかりしているやつが教員になったら、気持ちがわかっていいんじゃないか」と言うのです。

兄の言葉が妙に心に残り「体育の教員でも目指そうかな」と、おぼろげながら将来のイメージが湧いてきました。

母親には「あんたは勉強ができないんだから、小樽商大の夜間部でも行って、昼間は働きなさい」と言われていたのですが、それまで小樽潮陵高校から小樽商大の夜間部を受験して落ちた人はいないという噂で「自分が第1号になるのは嫌だ」という理由で、受験する気はありませんでした（笑）。

ただ、友達に「一緒に受験しよう」と誘われたので、仕方なく英語と小論文の試験を受けて合格しました。

合格したはいいものの、ちょっと待てよと。

小樽商大に行っても、体育教員にはなれません。そこで、いまから受験できる大学はないだろうかと探しました。

そして3月下旬に行われる「国士舘大学体育学部3期試験」を見つけて、これだ！とピンと来たのです。

体育学部なので、柔道で受験しました。そうしたら見事、合格。東京・世田谷にあるキャンパスで、大学生活がスタートしました。

体育学部だったので、運動系の部活に入らなければいけません。

最初は軟派な気持ちもあり、テニス部に入ろうかとも思ったのですが「高校時代にやったラグビーは面白かったな」と思い出し、ラグビー部の様子を見に行くことにしました。

ときは新入生の勧誘シーズンです。

ラグビー部の受付に行くと、先輩が「うちは厳しいから止めた方がいい。よっぽど根性がないと務まらないぞ」と言うのです。

そう言われると、負けず嫌いの虫が騒ぎ出し「いや、ラグビー部に入ります。やらせてください」と言いました。

この瞬間、私の人生が音を立てて動き出したのです。

目玉焼き、焼き忘れ事件

国士舘大学ラグビー部の生活は、聞きしに勝る、厳しいものでした。

私は北海道から東京・世田谷に出てきていたので、寮に入る必要がありました。寮費は月1万円で、1部屋に2段ベッドが2つあり、ガタイのいい男たちが4人で生活していました。

私には一つ下に弟がいて、1浪している私と同じタイミングで大学生になりました。

家庭の懐事情は厳しかったと思いますが、父親に「ラグビーをやらせてください」と頼み込んで、寮費とは別に毎月2万円の仕送りをもらっていました。

当然、それだけでは足りません。そこで、大学の食堂でアルバイトをすることにしました。

主に皿洗いや片付けなどをするのですが、月に3万円ほどのアルバイト代のほかにまかないが3食つきます。

ラグビー部で日々きつい練習をし、その後でのバイトは体力的にはきつかったですが、温かいご飯を食べさせてくれる環境は本当にありがたかったです。

私が入学した当時、ラグビー部の新入部員は40人ほどいました。それが1週間で半分に減っていました。練習が厳しく、寮生活も先輩のお世話などがあるので、その大変さもあって次々に辞めていってしまうのです。

私としては、父に頼み込んでラグビー部に入るお金をもらったのと、ラグビーを辞めても他にすることがないので、とにかく我慢して続けることにしました。

自我を捨てて「自分から進んで、この世界に入ったのだからしょうがない。そのうち、いいことあるだろう」と言い聞かせ、我慢と忍耐の日々を過ごしました。

最初こそ大変でしたが、あるとき、いじめっ子の先輩がどこからか私の噂を聞きつけて「1年生の佐藤ってやつは、地元では相当ワルかったらしい」という評判が広まりました。それを機に、私には優しくしてくれるようになりました（笑）。

そんなラグビー部で出会ったのが、恩師の二ツ森修監督です。

大学3年生になったとき、監督に呼ばれて「主務をやってくれないか」と頼まれました。恩師の言うことに「NO」はありませんので「わかりました」と即答しました。

主務の仕事は、監督の運転手から他校との連絡、合宿の準備、試合会場への交通手段の手配など、多岐にわたります。チームがスムーズに活動するための大事なポジションです。

同時に、学食でのアルバイトも続けていたので、練習も相まって、毎日クタクタでした。

ある日、学食の社長に誘われて飲みに行った後、友達のアパートで寝てしまい、目が覚めたら朝になっていました。でもその日は、朝6時に部員120人分の目玉焼きを焼かなければいけなかったのです。

起きた瞬間、その予定をすっぽかしたことに気がつきました。

そして、恐る恐る食堂に見に行くと、部屋長の先輩が私の代わりに目玉焼きを焼いていました。その姿を見た瞬間、走って駆け寄り、「すいません！」と、土下座をしてあやまりました。

殴る蹴る、ヤキを入れられるは覚悟の上です。

すると先輩は「今度から気をつけろよ」と一言だけ言って、黙々と目玉焼きを焼き続けました。

40年前の出来事ですが、そのときの光景は鮮明に覚えています。そのときからずっと、命の恩人だと思っています。

その先輩は国士舘大学を卒業して教員になり、後に北海道の岩見沢東高校の校長を務めました。先輩が岩見沢東高校を退職する前、校長会での講演依頼をいただき、みなさんの前でそのエピソードを話したら、大層喜んでくれました。

そしてなんと、2023年度から、札幌山の手高校の副校長になってくれたのです。それが若林利行先生です。

ちなみに、私がラグビー部に入ろうとしたときに「厳しいから止めておけ」と進言してくれたのも若林先輩でした。

あのとき出会った先輩と、40年後に同じ学校で働くことになるなんて、なんだかすごく運命的なものを感じます。

恩師との思い出

二ツ森監督が私を主務にしたのは、浪人していたので、他の人より年が上だったのと、ラグビー部の中では比較的気が利く方だったからだと思います。

自分で言うのもなんですが、他の人よりも少しばかり目端が利いたというか、なんでも要領よくこなすタイプでした。

主務の仕事はたくさんあり、授業がないときは監督の研究室に詰めていました。そこで合宿の準備などをするのですが、宿やバスを去年と同じところにしたら、えらく怒られたことがありました。

「お前には真心がない！」と。

私としては、やるべき仕事がたくさんあったので、早く終わらせなければいけないと思い、何も考えずに前年と同じ行程にしていました。

それを見た二ツ森監督は「合宿にはお金がかかる。そのお金を出す、保護者の気持ちを考えたことがあるか？　少しでも安いほうが助かるんだから、見積もりを取るなどして、工夫しなさい」と言いました。

二ツ森監督は、厳しくも温かいアドバイスをくれる方で、いまでも恩師として、自宅にお邪魔するほど慕っています。

私が札幌山の手高校を率いて、全国大会に出るようになってからは、毎年「良かったな」と連絡をくれて、焼酎を送ってくださいます。

私が主務をしていた頃は、毎晩その日の仕事が終わった報告を電話でしていました。携帯電話のない時代です。公衆電話からかけていたのですが、監督の自宅の電話番号は、40年経ったいまでも覚えています。

大学は４年間で卒業したのですが、水泳の授業に大苦戦しました。単位を得るためには個人メドレーができないといけないのですが、背泳ぎができなくて、たびたび水を飲んでしまい、最後の最後までラグビー部が練習しているのを横目に、プールで背泳ぎの練習をしていました。

ちなみに得意なのはクロールと平泳ぎで、バタフライは「溺れかけているように見える」と言われながらも、なんとかクリアしました（笑）。

二ツ森監督は、よく粗相をする私をかわいがってくださいました。今でもよく覚えているのは、夜遅くに監督を車で送ったときのことです。深夜に差し掛かっていたので「遅いから、家に泊まって行きなさい」と言われました。

翌日、監督を羽田空港まで車で送っていくことになっていたので「わかりました」と、お言葉に甘えました。

しかし翌朝、寝坊してしまいました。監督の家には雨戸があり、締め切って寝ていたので、朝になったことがわからなかったのです。

北海道には雨戸がないので、朝になっても暗いというのは、初めての経験でした。恐る恐る起きていくと、奥さんが朝ごはんを準備してくれていたので「監督さん、どうしました？」と訊くと「もう行ったわよ」と。肝を冷やしましたが、そのときは怒られませんでした。

思い出すと、二ツ森監督には、よく「お前には真心がないんだ」と言われました。

当時の私は、相手の気持ちを思いやることが不足していたのだと思います。相手の気持ちになって考えることの大切さを教えていただきました。

また、人付き合いの大切さも教わりました。いろんなところに二ッ森監督を応援している人たちがいて、各方面からチームをバックアップしてくれていたのです。

二ッ森監督とともに過ごす中で見聞きしたことが、指導者になり、役に立ったこともたくさんありました。

選手のスカウトに帯同した時の話です。二ッ森監督は、身体の大きな子に、積極的に声をかけていました。

私から見ると、「なんで、この子なんだろう？」と思うこともありましたが、大学に入って鍛えると、みるみる成長していくのです。

その様子を見て「二ッ森監督は先見の明があるんだな」と思いました。監督自身に「国士舘で鍛えれば、何とかなる」という信念があったのかもしれません。

先輩の声は天の声

大学時代、寮生活をしていた私は、後輩の指導を任されるようになりました。そこで「先輩の声は天の声。気配りが明日への道。嫌な顔は身の破滅」という標語を作りました。

あるとき、新入生のひとりが、寮から逃げ出しました。

彼はラグビー未経験で入部してきたのですが、父親に「将来、自分の会社を継がせたい。そのための社会勉強をさせたいので、ラグビー部で面倒を見てほしい」という理由で送り込まれてきたのです。

ラグビー未経験なので練習についていくことができず、厳しさのあまり逃げ出したのです。

そこで二ツ森監督が家まで迎えに行き、連れて帰ってきました。私の部屋に来て「今日からお前の部屋で面倒見るように」と頼まれたのです。

どういう教育をしようかと思案し、自分たちで考えた「先輩の声は天の声。気配りが明日への道。嫌な顔は身の破滅」という標語を毎朝暗唱させました。

ちなみにその彼は要領が良く、家から連れ戻されるときに、父親のお酒をくすねてきて「先輩、これからお世話になります」と手土産として渡してきました。その彼とは、卒業後も付き合いが続きました。

ぼったくり店と一悶着

私は面倒見が良い方だったので、後輩とのエピソードはたくさんあります。練習試合の帰り道、青森出身の後輩が落ち込んでいたので「どうした？」と訊くと「歌舞伎町でぼったくられました」と言うのです。「千円飲み放題！」の看板に釣られて店に行ったところ、会計時に三万五千円を請求されたそうです。

そんな大金、持っているわけがありません。ごねていると学生証を奪われ「お金を持ってきたら、返してやる」とすごまれたと言うのです。

困った人を見ると、放っておけない私は「しょうがない。俺が一緒に行ってやるよ」と言って、店に向かいました。

歌舞伎町に到着し、店に向かう道中のことです。「店に行っても押し問答になるだけで、らちがあかないぞ」と思い、交番に行きました。交番に入ると、なんと以前、国士舘大学松陰寮の舎監をされていた方がいたのです。

事情を話すと「警察は料金のことに口出しはできない。ただ、部屋を貸してあげるから、お前が話をつけろ。くれぐれもケガだけはさせるなよ」と言って、店に電話をかけてくれました。

警察からの呼び出しに驚いた店長が、明細を持ってやってきました。

そこで私は「千円飲み放題がなんで三万五千円になるんだ!」「警察と揉めて営業停止にでもなったら、お前も大変なんじゃないか」と言うと、「わかりました。お代はいりません」と肩を落とし、学生証を置いて帰っていきました。ちょっとやりすぎたかなと思わなくもありませんが、一件落着し、ほっと胸をなでおろしました。

ホタテ漁を手伝う日々

大学時代の私は、それまでに比べて大人しくしていましたが、文句をつけてくる輩には立ち向かっていました。

なによりラグビーにのめり込んでいたので、チームの和を乱すような言動をする人がいたら、先輩であっても注意していました。それが原因でケンカになり、監督のところへ土下座してあやまりに行ったこともあります。

二ツ森監督は研究心旺盛で、フランスに短期留学して帰ってきたら、フランス流のラグビーに感化され「泡が弾けるようにプレーする、シャンパンラグビーだ」と言って、取り組んだこともありました。

国士舘大学ラグビー部はレベルが高かったので、私はBチーム止まりでした。ただ、パワーはチームでもトップレベルでした。ベンチプレスの重量も、私より重いものを挙げる人はほとんどいなかったと思います。

大学4年になると「北海道に帰って教員になる」という目標が現実味を帯びてきました。大学を卒業した年の7月に、北海道の教員採用試験がありました。そこに向けて勉強するために、小樽の実家に帰りました。

大学を3月で卒業し、7月までの約4ヶ月間、本腰を入れて勉強するつもりでした。体力づくりを兼ねて、実家の近くをランニングしていたところ、高校時代の同級生の親御さんに声をかけられました。

「キミ、いい体してるね。ちょっと仕事を手伝わない?」

話を聞くと、ホタテの漁師さんでした。

「ホタテの網を引っ張るの、手伝ってほしいんだけど」

そう言われて、体力づくりができてアルバイト代ももらえるのでいいかなと思い、引き受けました。

それからは、毎朝5時に起きて浜に行って、船で運んできた網を下ろし、ホタテを選別するアルバイトをしました。

漁師の仕事は朝が早いので、昼過ぎには終わります。

すると、まだ陽の高いうちから採ったばかりのホタテを焼いて、酒を飲み始めます。日本酒や焼酎をたらふく飲み、夕方にはベロベロになる日々を2週間ほど過ごしました。

「やばい。こんなことをしていたら、教員採用試験に落ちるかもしれない」

そう思っていたところ、大学の同級生から電話がかかってきました。

「羽幌高校で非常勤講師を探しているらしい。行ってみないか？」

渡りに船とばかりに「行く、行く。明日からでも行ける」と答えました。

トントン拍子に面接に進み、校長先生と対面です。

その方は、ラグビーが大好きなとてもいい人で、北見北斗高校ラグビー部の黄金時代を作った、橋本定彦先生と同僚だと言っていました。

その橋本先生も国士舘大学出身で、私の大先輩に当たります。

そのことが判明すると、校長先生がすぐに電話をかけて「橋さん！　あなたの後輩が今度うちに来るから」と告げて、面識もない先輩と話をさせられ、とても緊張したのを覚えています。

羽幌高校で教員生活スタート

そして、羽幌高校で教員生活がスタートしました。赴任してすぐにラグビー部のコーチをさせてもらいました

そこで出会ったのが、キャプテンを務めていた丹羽政彦（元・明治大学ラグビー部監督）です。彼とはその後、長い付き合いになります。

羽幌高校ラグビー部には監督さんがいたのですが、ラグビー経験がありませんでした。「お前の好きなようにやっていいぞ」と言われ、私がメインで指導をすることになりました。

ただ私も指導経験がないので、とりあえず国士舘大学で行っていたのと同じ練習をさせました。高校生にとってはかなりキツかったはずです。熱血指導をしていたので「羽幌にすごい指導者が来たらしい」と、富良野まで噂が広まっていたそうです。

当時の私は大学を卒業したてで若く、体も動きました。

「こうするんだ」と、プレーのお手本を見せることができたのも大きかったです。「羽幌のやんちゃな子たちがやる気になった。チームが変わってきた」という噂は、またたく間に広がっていきました。

羽幌ラグビー部には、悪ガキがいました。何かと理由をつけて、私の練習をボイコットする

のです。

特にハードな練習内容に不満を持った二年生グループが、練習に参加せずに部室に隠れていました。彼らを追いかけるのですが、逃げ足が早くて追いつかない。そんな日々が続いていました。

当時の私は家賃7000円のおんぼろアパートに住んでいたので、部屋にお風呂がありませんでした。そのため毎日銭湯に行っていたのですが、あるとき、やんちゃそうな若者何人かが連れ立って入ってきました。

ピンと来た私は、隅の方で顔を隠して座り、そのうちの一人が近くに来た瞬間、ヘッドロックをかけて水風呂に沈めました。

そう、練習をボイコットした悪ガキです。

ヘッドロックをしながら「明日から練習に来るか？」と訊いたら「行きます、行きます」と答え、次の日からグラウンドに来るようになりました。

その後、彼は羽幌高校ラグビー部でキャプテンになり、北海道選抜に選ばれるほどの選手になりました。

それから20年後、彼が山の手高校のグラウンドに、ひょっこりと現れました。そばには息子さんがひとり。

「先生、息子をよろしくお願いします」と頭を下げて。あの時は本当にうれしかったですね。

その後、彼の息子は山の手高校でキャプテンを務め、進学した中央大学でもラグビーを続け、一部上場企業に就職しました。

豊浦高校でバレー部の監督に

羽幌高校でスタートした教員生活でしたが、４ヶ月で終わりを迎えることになります。

もともと私は、病気になった先生の代わりに、非常勤講師として採用されていました。残念なことに、その先生が亡くなってしまったのです。

そこで、新しい先生を雇うことになり、教員採用試験を通った人を迎え入れることになりました。

当時の校長は、私を採用しようと、教育委員会に何度もかけあってくれたのですが、それも叶わず。新しく来る教員の代わりに、別の高校に行くことになりました。

それが、噴火湾ホタテ養殖発祥の地・豊浦町にある豊浦高校です。

この学校にはラグビー部がなかったので、バレーボール部の監督になりました。そこもまあ、やんちゃな生徒ばかりでした。

目を離すと悪さばかりするので「お前らにはバレーをやる資格がない」と言って、グランドに集合させてラグビーのランパスをし、根性を叩き直しました。

豊浦は小さな町です。すぐに町民と顔見知りになります。町にスナックが2軒、喫茶店が1軒あり、よくそこに行っていました。

ここも漁師町なので荒っぽい人が多く、スナックではよく「負けた方のおごりね」などと言い、腕相撲対決をしました。そうやって、町の人達と仲良くなっていきました。

バレー部とは別に、スキーのレーシングチームのコーチもやらされていました。活動費が嵩み、学校の給料も安い。何度か飲みに行くと、すぐにお金がなくなります。仕方がないので、毎日、日の丸弁当を作って、持って行っていました。

学校の冬休みの際には、生活費を浮かせるために実家に帰りたかったのですが、レーシングチームの指導もあり、そうは行きません。

ある冬休みのとき、学校開始まで1週間の時点で、お金が尽きてしまいました。家に食べ物もありません。

困っていると、同僚の先生が「元気か」とふらっと顔を見に来てくれて「お金も食べ物もない。死にそうです」と言うと、焼肉に連れて行ってくれて、一万円を貸してくれたことがありました。

中学校の臨時教員になる

豊浦高校の1年目が終わる頃、高校時代にお世話になった、柔道部の山本典夫先生から電話がかかってきました。

「北海道で高校総体があり、学校を留守にすることが増える。非常勤講師で来てくれないか？」

そのような連絡を受け、喜んで母校に行かせていただきました。

ただし、それも1学期いっぱいの短期です。

ある日、小樽潮陵高校の向かいにある、同級生の佐藤公昭君の家に遊びに行くと、お父さんが「仕事、あるのかい？」と心配してくれました。

「もう契約が切れるんです」と話をしたら「知り合いに電話してみるから待ってろ」と言われ、札幌市の教育委員会にいる知り合いに電話をしてくれました。

そうしたら、急遽「明日、面接に来なさい」と言われ、中学校に臨時教員として行くことが決まりました。

その年の2学期から、札幌市立前田中学校で臨時教員として雇用していただき、柔道部の顧問を仰せつかりました。

ここは真面目な生徒が多かったのですが、練習初日に全員を投げ飛ばし「今日から俺が柔道部の顧問だ！言うことを聞くように」と言うと、一発で大人しくなりました。

前田中の先生方には大変良くしてもらい、毎晩のように飲みに連れていってもらっていました。

その年の12月、いつものように飲み屋に行くと、向かいに座っていた金子先生が「幹夫の就職先、決めてきたぞ」と言うのです。

「どこですか？」と尋ねると「香蘭女子高だ」と答えました。

就職先を探してきてくれた感謝の気持ちはありつつ、内心は「女子校か…」とピンと来ていませんでした。

そこで「お気持ちはありがたいのですが、女子校は勘弁してください」と頭を下げると「来年から男女共学になるんだ。生徒指導ができる先生を探しているというので、幹夫のことを推薦したんだよ」と言うのです。

それが、現在も私が務める、札幌山の手高校です。

１９８８年に、札幌香蘭女子学園高等学校から男女共学に移行し「札幌山の手高等学校」に改称しました。

それまでの私は、教師になりたいと思ってはいたものの、常に非常勤での採用だったので勤務先が次々に変わり、仕事が安定していませんでした。

福沢諭吉の言葉に「人生で一番寂しいことは、仕事のないことだ」というものがあります。

私が中学生の頃、トンボ学生服のポスターにその言葉が書いてあり、実家に貼ってありました。

これを見たときに「自分のことみたいだな」と思っていたので、教師になれたことに対し、人の縁に恵まれているなと感謝しました。

SAPPORO
YAMANOTE

2

札幌山の手高校
ラグビー部

不良に立ち向かう日々

１９８８年、26歳のときに、札幌山の手高校に赴任しました。

男女共学になった札幌山の手は、１学年に６４０人程の生徒がいて、プレハブを建てて授業をしていたほどのマンモス校でした。

共学化前の香蘭女子高校は、時代の流れで入学する生徒が減ってきていました。そこにやんちゃな男子が入学してくるのですから大変です。

当時、1学年14クラスあり、卒業したのは約５２０人。つまり１２０人程が卒業せずに退学。学校を辞めていきました。

最初のうちは生徒の数が多く、一人ひとりに目を配るのが大変でした。また教師の言うことをきかず、好き勝手する輩が多いので、授業になりませんでした。私の仕事は、笛を吹いて生徒たちを教室に入れるところからスタートします。いわば交通整理です。

その他に、重要な仕事が、不良を追い返すことでした。

女子生徒の不良彼氏連中が、学校が終わる頃になると〝シャコタン〟と呼ばれる、車高の低いヤンキー御用達の車で迎えに来ます。

すると、若くて活きの良かった私に、生徒指導の先生から「追い返してこい」と、命令がくだります。

「私が行くんですか！」と言い返しても「キミしかいないだろう」と、有無を言わせません。

そのたびに、生徒から没収した少年ジャンプをテーピングでお腹に巻いて、ポケットにはプライヤーというペンチのような工具を入れ、不良たちのところへ向かっていきました。

相手はナイフを出してくるだろうと思ったので、それに対抗するために、武器と防御を忍ばせていたのです。

最初は「帰りなさい」「嫌だ」といった言い合いから、最終的には力づくでの小競り合いに発展します。

一度、不良を車から引きずり降ろして蹴りを入れたら、パトカーが来て「先生、それはやりすぎです」とたしなめられたことがありました。

騒ぎが大きくなり、交番に連れて行かれたことも、一度や二度ではありません。

あるとき警察が、私がボコボコにした不良に対して「いいか、お前たち。先生は命をかけて、生徒を守ってるんだぞ」と言ってくれたことがありました。

「先生は命がけだから、次に行ったらまたやられる。だからもう行くな」と。

まさにその通りで、学園ドラマ『スクール☆ウォーズ』のように、グラウンドにバイクで乗り込んでくる不良もいました。

頭にきたので、バイクに立ち向かい、三角コーンを振り回したら見事ヒット。それがきっかけで大乱闘に発展し、最後は得意のヘッドロックで相手を沈めたこともありました。

そんなこんなで警察の人と顔見知りになり、その後、新人警察官への講演会に呼ばれ、「体を張るとはどういうことか」という内容の講演をしたほどです（笑）。

こんなこともありました。当時、私は学校の近くにあるマンションに住んでいて、駐車場に車を停めていました。

その車は買ってから数週間しか経っていない新車だったのですが、ある日、ボンネットに大きく「みきおのばか」と石で引っかかれていたのです。

私は激怒し、全校集会で話をしました。

「防犯カメラに映っているから、もう犯人はわかっている」と。実際に防犯カメラはなかったのですが、カマをかけたのです。

結局、犯人生徒は自首したのですが、車の修理代は、私が頑張っていることを認めてくれた学校側が負担してくれました。

ラグビーで自信を付けさせたい

当時の札幌山の手には、元気を持て余した悪ガキが多かったので「ラグビーで自信を付けさせたら、更生するのではないか」と考えました。

そこでラグビー部を作るため、校長に話を持って行ったところ「グラウンドがないからだめだ。うちは野球部とサッカー部しか作らない」と言われました。

そう言われて、そうですかと、引き下がるわけにはいきません。

私が前年まで勤務していた、札幌市立前田中学校出身の生徒に「とりあえず名前を書け」と言って、ラグビー部希望者を15人集めて、再度校長に交渉しに行きました。そのなかに、ラグビー経験者はひとりもいませんでした。

校長に「ラグビーをやりたい生徒がこんなにいるんです」と言っても「グラウンドがない」の一点張りです。

そこで「ラグビーは公園でやるスポーツなんですよ」と適当なことを言うと、「しょうがないな、やってみろ」と認めてくれました。

札幌山の手高校ラグビー部、誕生の瞬間です。

最初の練習場所は、学校の近くにある公園でした。そこで練習をしていたら、近隣の人から苦情が来て、すぐ中止になりました。

次に、山の手高校の隣にある、札幌西高に「合同練習をさせてください」とお願いしに行きました。西高にはラグビー部があったのです。

すると、快く受け入れていただき、なんとか練習をする目処が立ちました。

しかし、喜びもつかの間。札幌西高の生徒指導の先生から「おたくの選手がタバコを吸っています！　青ジャージの10番をつけた子です！」と連絡がありました。

進学校である西高の先生からすると、高校生が道端で喫煙なんてありえないことです。その結果、合同練習は解消。

それでも、ラグビー部をなくしてはいけないと思い、練習場所を探しながら、なんとか活動を続けていました。

部員全員、ラグビー未経験

山の手高校ラグビー部の1期生は、全員がラグビー未経験でした。

どうやってラグビーを始めさせたかというと、やんちゃな子たちはほぼ全員、ポケットにタバコをしのばせています。

そこで私は彼らに会うたびに、ポケットをポンポンと叩くわけです。

すると、感触でタバコを持っているのがわかります。

「どうする？　俺は見ていないけど」

そしてこう続けます。

「ラグビーやるか、学校を辞めるか。どっちかしかないだろうな」

そう言うと「ラグビーやります！」と頭を下げます。

ほかにも、問題を起こして退学処分になりそうな生徒がいたら、職員会議で「ラグビー部で面倒を見るので、彼にもう一回チャンスをください」と、お願いしていました。

退学をかろうじて免れたやんちゃな子たちで形成された、山の手高校ラグビー部。エネルギーは有り余っていますが、まじめに練習したことがなかったので、どこの学校と試合をしても勝てませんでした。

試合中に暴力沙汰を起こし、レフェリーに追い出されることもしょっちゅう。それまで好き勝手に生きて、規律を守ることをしてこなかった子たちなので、基本的なルールを守らせることに本当に苦労しました。

ラグビーには「少年をいち早く大人にし、大人に少年の心を抱かせる」という言葉がありますが、まさにその通りで、団結心や自己犠牲の心など、成長するための要素がたくさん含まれています。

それをひとつずつ経験させることで、更生するように働きかけていきました。

その原点になったのが、国士舘大学での経験です。

私が大学生の頃、国士舘ラグビー部は強豪で、リーグ戦での優勝経験もありました。上を目指して夢中に取り組む中で、自分自身、成長することができた実感があります。それを山の手高校の子たちにも、感じて欲しかったのです。

暴力や体罰は意味がない

不良に対しては「目には目を」の精神で体を張って対抗していましたが、ラグビー部の生徒に関して、力で言うことを聞かせることはしませんでした。

それも、大学時代の経験によるところが大きいです。

大学時代の『目玉焼き事件』で、私がヤキを入れられるのを覚悟していたにもかかわらず、若林先輩は鉄拳制裁ではなく「今度、気をつけろよ」の一言で済ませてくれました。

その経験から「暴力や体罰で相手の心を変えるのは不可能だ」「暴力や体罰に意味はない」という考えが、私の中にあります。

暴力や体罰をされた側は「あの野郎、いつか覚えていろよ」など、ネガティブな感情に支配され、矢印が相手に向かって行きます。自分の行為を反省しようという気持ちにはなりません。それでは本当の意味での更生には繋がらないと思うのです。

とはいえ、負けん気はありました。「不良に負けてたまるか」という気持ちは、常に持っていたように思います。

札幌山の手高校ラグビー部は、部員3人からスタートしました。

そのため、他の部活から人を集めて、試合を行っていました。当然、大会では常に一回戦負け。創部間もない、札幌西陵高校にも歯が立ちませんでした。

2年目の新入部員は3、4人。試合にも勝てず、練習をサボる部員もたくさんいました。

それでも、私は怒って「練習に来い！」という態度はとりませんでした。スパルタではなく「グラウンドに来てくれよ。約束しただろう？」など、お願いするようなスタンスでした。「次の練習に全員揃ったら、ラーメンを食べさせてやるぞ」のように、もので釣ることもしょっちゅうでした。

なぜスパルタで言うことを聞かせるようなことをしなかったかというと、そんなことをしたら、すぐに来なくなると思ったからです。

北風と太陽の寓話ではありませんが、厳しくしてもダメ。最初の頃は、居場所づくり、仲間づくりを心がけていました。

外食や海水浴でチームワークを高める

あるとき、1期生のキャプテンが練習に来ないので「どうしたんだ?」と問いただすと「彼女ができたから、練習には行かない」と言い出しました。

「ラグビーなんかしたって、いいことないでしょう」と言うのです。

そこで私が「ラグビーは楽しいぞ。就職も進学もできるぞ」と言うと「本当ですか?」と食いついてきました。

「就職したいのか、進学したいのか?」と訊くと「進学したいです」と答えるので「わかった」と言って、その場で知り合いの大学の先生に電話して「山の手高校に◯◯というセンスのある選手がいます。3年後、そちらの大学でお願いします」と言うと「わかった」と言ってくれたので、電話を切って「だから言っただろう?」と向き直ると、目を丸くしていました。

その選手はそこから頑張り始め、3年後、本当にその大学に進学し、1年生のときからスタメンで試合に出ていました。

ちなみに、その選手の彼女には「一緒にいたいのなら、マネージャーをやらない?」と言って、マネージャーとしてチームを支えてもらいました。

最初の頃は、ラグビーを教えるというよりもパスを回して、体を動かして終わり。遊びの延長のような感じでした。

みんなで集まることに意義があると思っていたので、サボらず練習に来ればOK。グラウンドに来さえすれば、何も言いませんでした。

そして「今日はラーメンを食べに行くぞ」「暑いから海水浴に行くぞ」と、悪いこと以外にみんなで行動することの楽しさ、チームワークの大切さ感じてもらうことに尽力しました。

基本的に不良は時間にルーズです。遅刻する前提で、集合時間をあえて1時間早く伝えたり「この生徒は来なそうだな」と思ったときには、家に迎えに行っていました。

すると「しょうがねえから行くか」と言って、練習や試合に来るようになるんです。

1988年、1期生が全道大会の札幌支部予選に出場しました。相手は札幌南陵高校。試合は10対14で負けました。

南陵ラグビー部は山の手と同じ時期にできたのですが、向こうはもともと男女共学だったので、3年生部員もいました。その差もあって、惜しくも負けてしまいました。試合に負けると、いっちょ前に悔しがり、なかには泣く生徒もいます。

1年目の最後に「来年の目標は1勝だ」と言いました。

男女共学になって1年目だったので、ラグビー部員も当然全員1年生。来年も再来年もチャンスはあります。

「試合で勝つためには練習が必要だよな」

そう話をすると「勝ちたいから練習しよう」と言い出す生徒が現れました。

合宿地での夜逃げ未遂

2年目に入学してきたのが、元・山の手高校ラグビー部のOB会長です。私が勤務していた前田中学から、山の手高校に来ました。

最初は「サッカーがやりたい」と言っていたのですが、なんとか言いくるめてラグビーに転向させました（笑）。

公式戦で初勝利を記録したのは3年目のことです。

共学化して3年目になり、1年生から3年生まで、全学年が揃いました。選手19名、マネージャー3名と、ようやくチームらしくなってきました。

練習が成立するようになったのも、その頃です。

1、2年目は合宿で鍛えようとすると、あまりのキツさに逃げ出そうとする生徒もいました。

1年目の合宿は函館の上磯（現・北斗町）に行きました。函館出身のコーチのつてで公民会館を借りて、合宿をしました。

3年生のマネージャーに食事を作ってもらっていたのですが、ある晩、マネージャーから「荷物をまとめて、逃げそうな子がいます」と連絡が入りました。

私は宿舎から少し離れたところにいたのですが、急遽帰りました。

そうしたらマネージャーが「逃げようとしたから、私が止めておいたよ」と防波堤になってくれたのです。

チームワークや規律を植え付けるには、合宿がうってつけです。

近隣で合宿をすると、逃げて家に帰ってしまう生徒がいるので、逃げられない山奥で合宿をすることを思いつきました。

そして十勝の本別町にある、廃校になった小学校を借りることにしました。

朝、大音量で笛の音が鳴るので、なにかと思ったら牛飼いの笛で、牛がぞろぞろ集まってくるような環境でした。

創部3年目、悲願の初勝利

創部3年目、目標は悲願の一勝です。

国士舘大学時代の恩師、二ツ森監督が「ようやく全学年、部員が揃ったんだから、国士舘大学の合宿に連れて来なさい」と声をかけてくれました。

そして青森県野辺地で行われていた合宿に参加させていただきました。その合宿には全国大会に出場経験のある強豪校も参加していました。

相変わらずの山の手高校でしたが、ラグビー漬けの日々を過ごし、全国の強豪校の振る舞いを間近で見る中で、少しずつ意識が変わり始めました

「上には上のチームがいるんだ」「全国に出るチームはこんな練習をしているんだ」と感じることで、ラグビーに向かう気持ちが湧き上がり、タバコを吸う生徒も徐々に減っていきました。

そして合宿最終日。二ツ森監督に「山の手の子たちは、やっとあいさつがまともにできるようになったな。目つきも変わってきたぞ」と言ってもらうほど、成長を遂げました。

夏休みが終わり、花園につながる全道大会の札幌支部予選が始まります。初戦の相手は創部当初、合同練習をさせてもらった、札幌西高校です。

合宿の成果を活かし、24対0でこの試合に勝つことができ、練習試合にも勝てなかったチームが、ようやく初勝利をあげることができました。

4年目は1、2年生に声をかけまくり、部員も増加。春には東京合宿、ゴールデンウィークと夏休みにも合宿を行うなど、年間計画を立てて、強化することにしました。

しかしながら札幌から東京までは遠く、交通費もかさみます。そのため冬休みになると、郵便局で年賀はがきを仕分けたり、配送をするアルバイトをさせました。

なかには、郵便局の面接を落ちる子もいるので、中央市場で棚卸などの力仕事をして、遠征費を捻出しました。

フェリーに乗って、東京で合宿

アルバイトで稼いだお金をもとに、フェリーに乗って茨城の大洗まで行き、そこから電車を乗り継いで、東京にある国士舘大学を目指しました。

大洗までは、フェリーで24時間かかります。やんちゃな連中なので、道中でも常にひと悶着あり、電車に乗っていたら「大きな荷物を広げて騒いでいる生徒がいる」と、学校に電話がかかってきたこともありました。

国士舘大学での合同合宿は、とても有意義なものでした。函館工業や三本木農業（青森）などの強豪チームのほかに、全国でベスト4に入った経験のある都城高校（宮崎）も来ていました。

チームを率いていたのが、矢野貞彦先生です。強面《こわもて》で迫力があるため、他の先生方は誰も近づかず、懇親会でもグループから離れて、ひとりでお酒を飲んでいました。その姿はまさに一匹狼です。

勇気を奮って矢野先生のところへあいさつに行くと、なぜか気に入られて「お前はこの合宿の間、俺の横にいろ」と言われました。

「俺のそばにいて、コーチングを学べ」と言うので、一週間、付き人のようにそばにいながら、様々なアドバイスをいただきました。

都城高校のOBに、当時明治大学でプレーしていた永友洋司（元・サントリー）さんがいました。矢野先生は「有名な選手を呼んでやる」と、永友選手に電話して「いまから国士舘大学に来てくれ」と呼び出し、山の手の選手たちと記念撮影をしてくれるなど、一見強面でしたが、非常に優しい先生でした。

矢野先生はこう言ってくれました。

「山の手は面白いチームだな。将来、絶対強くなる。応援するから、一緒に花園に出よう」

数年後、それが実現しました。

山の手高校が最初に花園に出たとき、都城高校も出場していたのです。

矢野先生は大層喜んでくれて、宮崎産の『百年の孤独』という有名な焼酎を5本も送ってきてくれました。

ビーバップハイスクール、集合!

国士舘大学での合同合宿では、矢野先生だけでなく、様々な先輩指導者にかわいがっていただきました。

やんちゃな子たちをまとめて一生懸命に指導している姿が、かつてのご自身の姿と重なったのかもしれません。

和歌山から来た田井素生《もとき》先生には「ビーバップハイスクール、集合!」と呼ばれ「整列して、まずはあいさつからだ」と指導をしていただきました。

当時の私は生徒たちに礼儀やあいさつに関して、口うるさく言うと練習に来てもらえなくなると感じていたので、最低限の指導にとどめていました。

合宿に来ると、非日常の空間に身を置くことになり、練習から逃げ出すこともできません。他校の先生方も目をかけてくれるので、とても意義のある時間を過ごすことができました。

とはいえ、当時の山の手はまだまだやんちゃ坊主ばかりでした。

合宿中、生徒たちとは別の校舎で寝泊まりをしていたら、部屋に電話がかかってきました。


飲酒やタバコ、ケンカ…、問題が絶えなかったやんちゃ坊主たち。指導者の先輩方からは「ビーバップハイスクール」と呼ばれていた

「高校生らしき人が、民家の洗濯機で勝手に洗濯をしている」

「お前のところの生徒、便所でタバコ吸ってるぞ」

一目散に飛んでいき、その晩からは生徒が泊まっている教室の真ん中に机を並べ、その上に布団を敷いて、全員を見渡すような環境で寝ていました。

春は東京で合宿をし、夏はニセコに国士舘大学が来てくれるようになりました。

30年以上前に始めたのですが、二ツ森監督に「小樽で合宿をしたい。どこか場所を探してくれないか」と言われたのが始まりでした。

長野の菅平高原は夏になると全国各地から多くのラグビーチームが訪れ、合宿

いろいろと問題も多かった使徒たちだが、ラグビーを通して卒業する頃には成長の跡が見られた

を行います。ニセコにその菅平のような施設があり「雪のない夏は空いているので、合宿をしないか？」という話が舞い込んできました。

当時はグラウンドが整備されていなかったのですが、宿の人が調整してくれて、いまでは素晴らしいグラウンドが2面あります。

冬は雪の上で練習をしていました。みんなで雪を踏んで慣らし、長靴を履いてのトレーニングです。これは非常に足腰が鍛えられます。

雪は11月頃から降り出し、4月まで続きます。それもあって、春の東京合宿は有意義なものでした。

ラグビー部を作り、最初の3年間はほとんど勝てませんでしたが、挫折を感じたことはありませんでした。

それは、あまり多くのことを望んでいなかったからだと思います。

もちろん、試合に負けたときは悔しいですが、そもそも「チームを強くして、花園に行くぞ！」という想いで作ったわけではありません。

やんちゃな子たちが、悪い道に行かないように、居場所を提供したいというのが始まりです。その想いがあったので、そこまでの挫折感を覚えなかったのが、正直なところです。

ついに全道大会出場

5年目になると、部員が27人、マネージャーは3人になり、自然と「全道大会に出場するぞ！」という雰囲気になってきました。

しかし、家庭内暴力や飲酒などの問題は無くならず、保護者に呼ばれ、家に駆けつける日々。生徒たちは何度、丸坊主になったことか…。

様々なゴタゴタがありながらも、全道大会の支部予選では、地区代表に手が届きそうなところまでは行くことができました。

6年目も部員数はキープし、トレーニングに柔道を取り入れ、社会人チームと雪中ラグビーを行うなど、体力強化に力を入れました。

そしてこの年、創部以来、初めて国体の北海道代表に選ばれる選手が出ました。それも2名も！

さらには例年通り、合宿を中心に強化を図りましたが、支部予選で札幌南高校に敗退。全道大会出場は叶いませんでしたが、チームとしての基盤ができ始めた年でした。

そして迎えた7年目。1年生が21人入り、3学年で45人の大所帯になりました。チームの合言葉は「全道大会出場」です。

この年、全道大会が函館で行われることになっていたので、春休みに恒例になっていた東京合宿の後、函館に寄って12日間の合宿を行いました。

そこでは当時、南北海道チャンピオンとして君臨していた、函館大有斗高校の安本文康監督に、様々なアドバイスをいただきました。

チームは上り調子で来ていたのですが、2年生が大量に部を辞めたり、春季大会で準優勝した後、主力が2人辞めるなどのアクシデントが次々発生。

相変わらず部員同士のケンカ、家出、喫煙などのトラブルもあり、夏を迎えても、チームは一向に安定しませんでした。

再起をかけた夏合宿で、コンビネーションを中心とした走り込み、スクラム、ラインアウトの強化に勤しみ、花園へとつながる全道大会の札幌支部予選を迎えました。

全道大会には、札幌支部から2チームが出場できるため、決勝戦まで勝ち進めば、出場権を獲得することができます。

初戦は月寒高校に29対19で勝利。そして迎えた準決勝では、北海道工業に57対0で勝利。創部7年目にして、ついに目標だった全道大会出場を決めました。

ちなみに札幌支部予選決勝では、札幌清田高校を相手に、前半は大量リードしながら、後半に逆転負けを喫してしまいました。

ハーフタイムに私が「このままいけば、優勝できるぞ!」と言ったことで、選手たちに過剰に勝利を意識させすぎたのかもしれません。

後半は動きに硬さが出てしまい、あれよあれよと逆転されてしまい、結局19対26で負けてしまいました。

全道大会で一勝をあげる

初めて臨む、全道大会。相手は函館工業。4年前から、春夏の合宿をともにしてきたチームで、お互いの手の内を知り尽くしている相手です。

試合は前半リードし、後半逆転され、再度ひっくり返すシーソーゲームでしたが、最終的には24対15で勝利。初出場でなんとか一勝をあげることができました。

準決勝の相手は、札幌支部予選決勝で対戦した、札幌清田高校。絶好のリベンジのチャンスです。

試合は同点に追いついた終盤、勝負を仕掛けたのですが、逆にトライを取られてしまい、万事休す。22対27のスコアで負けはしましたが、最後まで諦めない、気迫あふれるプレーに感動したことを覚えています。

全道大会に初出場しましたが、その頃も部内でのゴタゴタは続いていました。廃部の危機に陥ったこともあります。

ある大会の前日に3年生が後輩をいじめたので、関わった生徒を自宅謹慎にし、下級生中心で挑みました。結果は1回戦で敗退です。

問題はその後に起こりました。いじめをした生徒が、大学から推薦の声がかかったことを聞きつけた、他の生徒の保護者から「なんでうちの子には声がかからなくて、悪いことをした生徒に声がかかるんですか」とクレームが入り、緊急で父母会を開くことになりました。

そこでは「ラグビー部は問題ばかり起こすのだから、潰したほうがいい」といった声も出て、紛糾しました。

その際、ラグビー部をいつも気にかけてくれていた教頭が矢面に立ち、保護者を説得してくれて、丸く収まりました。

私は減給処分になりましたが、ラグビー部は存続させていただきました。

結局、謹慎させた生徒は「俺が行かなければいいんだろう」と言って、大学進学は諦めました。そのときにラグビー部が廃部になっていたら、リーチ マイケル（東芝ブレイブルーパス東京）も来なかったわけで、日本のラグビーの歴史も変わっていたかもしれません。

朝練スタート

当時の山の手高校は、大半が高校からラグビーを始めた子ばかりでした。

ケンカっ早い子たちの中には、運動神経が良い子、体格がいい子がいたので「学校を辞めるか、ラグビーするか、どっちか選べ」と言って入部を迫ったり、体育の時間にラグビーをさせて、センスがありそうな子に片っ端から声をかけたりと、様々な方法で部員を集めていました。

練習が終わった後、保護者から「悪い友達と集まっている。なんとかしてください」という連絡が入ることもしょっちゅうでした。

そのたびに家に駆けつけて説教をしたり、ときには家に行くと、その生徒が窓から逃げ出すといったこともありました。まさにドラマの世界です。

そんな子たちなので、当然、朝から学校には来ません。そこで、朝から学校に来させるために、7時から朝練をすることにしました。

最初から厳しくすると音を上げるのがわかっていたので「寝坊することもあるだろうから、週に1回は遅刻してもいい」というルールにしました。

でも、週に2回遅刻したら坊主です。

「連帯責任として、先生も坊主にするから」ということで納得させました。

そのようにして、ルールを守ることや責任感を芽生えさせていきました。

次第に仲間意識ができ始め、チームメイトに会うことが楽しみになると、学校に来るようになります。

当時のやんちゃな子たちは友達がいない、いても悪い仲間ばかりといったケースが多く、寂しがりやが多かったように思います。

高校に行くことができなかったり、中退した子が、放課後、山の手高校に通っている友人を、車やバイクで迎えに来ることがよくありました。

どこかで見たことのある顔だなと思っていると、生徒指導会議で、中学校の先生が名前を挙げていた、フダ付きのワルだと気が付きました。

そこで彼の前に行き「お前は○○だろう」と名前を呼ぶと「なんで俺の名前を知ってるんだ!?」と驚いていました。

その彼は、後に少年院に入ることになるのですが、そのたびに私のところへ手紙を寄越してきました。何十通とあり、いまだに大事に保管してあります。

山の手の生徒ではないのに、声をかけて、気にかけてもらったのが、うれしかったのではないでしょうか。

悪い道に入ってしまう子の中には、大人に目をかけてもらう経験がなかったり、親身になって接してくれる人が周りにいなかったといったことがあります。

彼は少年院から出てくるたびに、挨拶に来るようになりました。

コーチングの師匠に出会う

小さな揉め事が頻繁に起きていた頃、ひとつの強化プランを立ち上げました。

それが「山の手ラグビー部、3年強化計画」です。

「3年かけて、花園に出られるチームを作ろう」と考え、どのように強化していくかをコーチ陣と話し合いました。

その過程でひとりのキーマンと出会います。当時、大阪の近大附属高校ラグビー部のコーチを務めていた、巴山康二さんです。

巴山さんとの出会いは、北海道選抜大会。そこに、近大附属高校ラグビー部が参加していました。

そのチームのアテンドをしてくれた方が国士舘大学の先輩だったので、一緒に飲みに行くことになりました。

熱心に指導してくれた巴山さん（写真右）は札幌山の手高校ラグビー部の恩人といっても過言ではない存在

そこに巴山さんがいて、なんと顔が私にそっくりなのです（笑）。

それがきっかけで仲良くなり「今度、大阪に来たら連絡くれよ。一杯行こう」と言われました。

1998年、花園出場をかけた試合で、南北海道大会6連覇中の函大有斗高校にコテンパンにやられました。負けたあと、花園に試合を見に行く際、巴山さんに連絡しました。

居酒屋でのラグビー談義は尽きず、気がつけば3日間の大阪滞在で、毎晩一緒にいるようになりました。

そのとき、巴山さんが「いいか、佐藤先生。今の山の手の生徒たちは、ラグビーに対して賢い子たちじゃない。先生が1から10まで教えたって、頭に入るわけないだろう」と言いました。

「だからこそ、ひとつのことを徹底してやることが大事なんだ。3年間、俺も協力するから、一緒に頑張ろう」と申し出てくれたのです。

当時の私は「自分が1から10まで教えたら勝てる」と思っていました。

それが間違いのもとでした。いくら私が戦術を教えても、生徒たちの耳からスッと抜けていってしまっていたのです。

「たしかに、あれもこれも教えても、全部は理解できないだろうな」

巴山さんに指摘され、我に返りました。

それから、大阪との交流が始まりました。

2000年、南北海道大会8連覇をしていた函館有斗高校を31-14で破り、念願の花園初出場を決めた

春の合宿で巴山さんがいる大阪に行くと、強豪校と練習試合を組んでくれて、合同練習もさせてもらいました。

巴山さんにアドバイスをもらいながら、まずは戦力を分析し、どこがストロングポイントなのか、どこが相手に通用する部分なのかをリストアップしていきました。そして試合では、その強みを発揮することを徹底します。

当時の山の手高校には、190cm程ある選手が2人いました。

つまり、ラインアウトはいい勝負になります。実際「ラインアウトは全国でも通用する」という手応えがありました。

あとは、どのようにしてゴール前のラインアウトを獲るか。そこが勝負の分かれ目です。

そこで、スタンドオフの選手に「パスはし

選手に胴上げされる筆者

なくていい。ボールをもらったら、全部ハイパントを蹴ろう」とアドバイスをしました。

ハイパントを蹴り、そこになだれ込んでラインアウトを取り、モールで押し込む。巴山さんの「ひとつのことを徹底してやることが大事」というアドバイスに従い、シンプルに、それだけを愚直にやり続けました。

それ以外には「タックルをし続けること」を徹底してやり切ろうというのが、当時の山の手の合言葉でした。

理想としてはパスを繋ぐ、華麗なラグビーをしたかったのですが、高校からラグビーを始めた子が多く、高望みをしても仕方がありません。

これが巴山さんに教わった「戦術・戦略・戦法」の「戦術」に当たります。

初出場の花園では江の川高校（島根）に15−29で敗れ、初戦敗退。次の目標が全国出場から全国1勝に変わった

「戦略」は父母会や学校の理解を得て、遠征に行ったり、外部コーチに来てもらうといった際の金銭面をどうするかです。

「戦法」はハイパント攻撃を徹底するにあたり、具体的に誰がどこに走るかなどを決めること。さらにはディフェンスの仕方も見直し、巴山さんの知り合いのディフェンスコーチを呼んできてもらいました。

巴山さんは夏合宿にも来てくれて、年間計画を立てて「いまはこれをやろう」とアドバイスをしてくれたりと、お世話になりっぱなしでした。

そのときに巴山さんが「北海道で優勝するところまでは、俺が手伝えばできると思う。でも全国で勝つのは、また別のやり方が必要だ」と言っていました。

「ただ、一度でも山の手が花園に行けば『山の手でラグビーがしたい』という経験者が入ってくる。そして次の代、その次の代と全国に出て、山の手を希望する子が増えてくれたら、いままでとは違ったチームになれるぞ」

巴山さんの言葉通り、山の手ラグビー部、3年強化計画を立ててから2年目の2000年、8連覇をしていた函大有斗高校に勝ち、悲願の花園出場を果たしました。

巴山さんがいなければ、いまの山の手高校ラグビー部はなかったでしょう。私の恩人であり、山の手高校ラグビー部の恩人でもあります。

スカウト活動を開始

2000年に花園に初出場したとき、ラグビー経験者はほとんどいませんでした。

その頃、職員会議である先生から「サッカー部や野球部には特待生がいるのに、なんでラグビー部にはいないんですか」という声が挙がりました。

私も内心、そう思ってはいたのですが、言い出しにくくて黙っていたのです。

そうしたら当時の校長が「たしかにそうですね」と言って、ラグビー部に特待生の枠を2つくれました。

それがきっかけで、ラグビー経験のある中学生をスカウトできるようになりました。

スカウト活動を開始した私は、道内のラグビースクールを周り、良さそうな子に声をかけました。

新入生たちに、片っ端から「ラグビーやらない？」と声をかけていたときと比べると、隔世の感があります。

とはいえ「山の手には行かない。函大有斗に行く」という子も多く、最初はあまり相手にしてもらえず、苦労しました。

そのような子たちも、山の手が花園に行くようになってからは振り向いてくれるようになり、スクールのコーチも良さそうな子を送ってくれるようになりました。

北海道の中学ラグビー事情を説明すると、中高一貫校の部活でやるか、ラグビースクールでプレーする子がほとんどです。

札幌の中学校でラグビー部があるところは数校しかありません。

ちなみに、花園の予選で上位に来る私立高の大半は、中高一貫校という現実があります。

私がスカウトに行くのは、各地のラグビースクールがメインです。

２０００年に初めて花園に出てから、徐々にラグビー経験者が入学してくれるようになりました。

希望者も増えて、新入生で15人揃うようになってきました。それと同時に保護者も熱が入り始め、遠征や合宿なども頻繁にできる体制が整いました。

北海道にいると、全国の強豪と試合ができる機会は限られてしまいます。そのため各地に遠征に行くことは、チーム強化に不可欠です。

また、中学時代に活躍した選手が、どれだけ入学してきてくれるかは、全国で上を目指すにあたって重要なポイントです。

全国ベスト8、ベスト4にコンスタントに進出しているチームは、中学時代の有望選手を獲得しています。

道民性かもしれませんが、北海道の人はおおらかで、気持ちが優しい人が多いように感じます。それが勝負の世界になると、裏目に出ることもあります。

私自身、周りの方に「もっと勝負に徹したほうがいいのではないか」「その考えは甘いのではないか」と言われたこともあります。

ある先輩指導者に「勝負師になるのか、教育者になるのか。どちらにするのか」と迫られたこともあります。

そのたびに、私はラグビー部を立ち上げた頃を思い出すのです。

原点に戻って「私は教育者だ」と再確認するようにしています。

勝負師になる、勝負に徹するというのは、ある意味、選手をコマのように扱ったり、自分の考えを押し付けて「こうしろ」と強いるような指導になりがちです。

そのやり方では、たとえ勝てたとしても選手が成長しないと思っています。

後にある先輩指導者から「お前の考え方のほうが、正しいのかもしれないな」と言われたこともありました。

私はたくさんの情熱を持って、ラグビー部と向き合ってきました。

その根底にあったのが「自分が作ったチームだから」という想いです。

誰かにチームを託されたわけではないので、自分の責任のもとに運営することができます。

偉大なOBから引き継ぐプレッシャーもありません。

そして、事あるごとに「自分はどうしてラグビー部を作ったのか」と原点に立ち返っていました。

そう自問自答することで、軸がブレないように心がけていました。

スカウトする際のチェックポイント

　中学生をスカウトするときは、体格やパワー、足の速さなどもチェックしますが、最も大切なのは性格です。

　気になる子がいると実際に話をしてみて「この子は頑張り屋だな」「将来、伸びそうだな」「みんなと仲良くやっていけそうだな」など、パーソナリティの部分を大事にしています。

　保護者のキャラクターも非常に大切です。

　口うるさい保護者の場合、その子がいくら良い選手でも、チームの足を引っ張るかもしれないと考えて、獲得には及び腰になります。

　過去に「なんでうちの子を試合に出さないんだ」と言ってきた保護者がいました。

　かつては、親も子もどんな性格であっても、山の手でラグビーがしたい子は獲ると決めていました。

　しかし、花園行きを逃したときに「謝罪しろ」と言う保護者がいたり、チームの和を乱す人がいたこともあるので、いまでは慎重になっています。

　ラグビースクールのコーチからも「あの子はいい選手だけど、親が口出ししてくる」などの情報が時折入ってきます。そうすると、いくら良さそうな選手であっても、声をかけるのは止めておこうとなります。

良い保護者は、目の前の結果に一喜一憂しません。

子どもの成長を第一に考えています。

たとえば「最後の大会のメンバーには入れなかったけど、3年間このチームでラグビーができて、成長させてもらいました」など、感謝の心を持っている人は、素晴らしい保護者だと思います。

何度も記してきましたが、創世記の山の手高校ラグビー部には、やんちゃな子がたくさんいました。

その頃の保護者の方々は、息子の素行に対して心配したり、更生させたいと思っていましたが、ラグビーに対して、口出しすることはありませんでした。

ちなみに私の親は、自分の子どもがラグビーをしていたことを知らず、サッカーをしていたと思っていたぐらいです（笑）。

時代が変わり、いわゆるお坊ちゃんが多くなってきました。

鶏が先か卵が先かではありませんが、過保護の親が多く、何かあれば「監督が悪い」「コーチが話を聞いてくれない」となってしまいます。

こちら側も気を使うようになり、心と心が通うコミュニケーションがとりにくくなっているように感じます。

学校の生徒指導には「保護者に対して、この言葉は使わないようにしましょう」「こういう言い方は好ましくありません」といったガイドラインがあります。

昔はたるんでいる生徒に対して「お前なんかやめちまえ」「帰れ」などと言うのは日常茶飯事でした。しかし、いまの時代、そのような言葉を使ったら大問題です。

保護者は、自分の子どもに期待しています。ラグビー部に入れば、推薦で大学に行かせてもらえると思いこんでいます。

でも、それを決めるのはこちら側ではなく、大学側です。大学の監督さんが選手を見て、欲しいと思えば決まります。

こちら側からアプローチをかけることももちろんありますが、チャンスをつかむのは子ども自身です。評価されるために、努力を続けるしかないのです。

保護者とコミュニケーションをとるためには、相手が納得するような接し方をすることが大切だと感じています。

具体的には、自分の考えを伝えて、理解してもらうことです。

なんのためにラグビー部があるのか。どういう理由で作ったのかなど、私は逐一コミュニケーションをとり、伝えてきました。

その根底にあるのは、ラグビー部を作り、素行の良くない生徒の家に毎晩のように家庭訪問をして、保護者と顔を合わせていた日々です。

大会前日に暴走族が集合

花園に行くようになって2年目の頃。

ある生徒の母親から電話が来て「明日の大会に、うちの息子を連れて行かないでください」と訴えてきました。

話を聞くと、試合を明日に控えた今晩、不良仲間が来て、壮行会をしているというのです。

慌てて生徒の家に向かい、部屋の扉を開けると、暴走族が10人ほどタムロしていました。

「お前ら、何やってるんだ！」と怒鳴りながら入っていくと、一番奥に、以前、山の手高校を退学になった生徒が座っていました。暴走族のリーダー格です。

彼は私の顔を観て、ヤバイと思ったのか「帰るぞ！」と言って、他のメンバーを引き連れて出ていきました。

その後、ひとり残ったラグビー部の生徒に「お母さんに謝りなさい」と言って頭を下げさせ、翌日の大会に連れて行ったことがありました。

私に電話をかけてきたそのお母さんは、後に私の娘が通う小学校で給食を作る仕事に就きました。

私が娘の授業参観を見に行ったら「先生！」と呼ばれて、職場の方々を紹介してくれたことがありました。

すごく良いお母さんで、息子もちゃんと更生して働いています。

地元の大学卒業後に不動産の仕事に就き、ラグビー部の寮が一軒家を借りていたとき、退去の際に担当してくれたのが、その彼の後輩でした。

「◯◯さんにはお世話になっているので、しっかりやらせてもらいます」と言ってくれて、修繕費などもとくにかからず、円満に退去することができました。

高校を卒業して、何年も経って恩返ししてくれたのですから、うれしかったですね。

花園で初勝利

花園で初勝利をあげたのが、２００２年の82回大会。花園出場3回目の時でした。

相手は坂出工業（香川）で、34対15で勝ちました。

悲願の全国初勝利をあげ、２回戦の相手はシード校の伏見工業（京都）。スコアは77対０。完敗でした。

そのときの伏見工業のスクラムハーフに、日本代表として長く活躍した田中史朗くん（NECグリーンロケッツ東葛。２０２４年シーズンをもって現役引退）がいました。

彼がU‐19日本代表の世界大会前、ニュージーランドに武者修行遠征に来ていたときに、修学旅行の一環として遠征していた、山の手高校ラグビー部と偶然会い、一緒に練習したこともありました。

それが縁で仲良くなり、２０１５年のイングランドラグビーワールドカップのとき、マイケルに会いに宿舎に行ったら田中くんもいて、ビールをごちそうになりました。良い思い出です。


これまでの指導者生活を振り返って、印象に残っている試合があります。

１９９９年、山の手ラグビー部が強くなり始めた頃の試合です。

北海道選抜大会があり「メンバーもそろって、強くなってきた。優勝できるだろう」と思って臨んだところ、中標津高校に負けてしまいました。

そのときは悔しくて、トイレに隠れて泣きました。

私は負けて泣くタイプではないのですが、そのときだけはどうにも悔しくて。チームの力を過信していたのかもしれません。

悔しくて、もっと練習して、強くならなきゃ駄目だと思いました。それがターニングポイントになり、チームも力をつけていったように思います。

私は過去の試合はあまり覚えてはいないのですが、この25年前の試合だけはいつまでも忘れることができません。

このときの悔しさが原動力になり、翌年に函大有斗高校を破り、初めて花園の地を踏むことができたのだと思います。

ほかにも2008年、花園の2回戦で対戦した、常翔啓光学園高校（大阪）戦も忘れられません。

結果としては、20対41で負けたのですが、優勝した常翔啓光学園を相手に、その大会で最多得点を奪いました。しかも前半は、マイケルの従兄弟エペリがトライを決めて、8対12の僅差で折り返しました。

後半に入ると、常翔啓光学園が怒涛の攻撃を見せ、8対31と点差を広げられてしまいます。

そこから山の手は意地を見せ、連続トライを決めて、20対31に詰め寄りました。最後にトライを決められて突き放されましたが、観ている人たちに大きなインパクトを与えることができた試合でした。これも思い出に残る試合のひとつです。

このチームのキャプテンは、中学時代、地域でも有名な不良でした。

そこで私が「ラグビーはケンカだ。好きなだけ体をぶつけられるぞ」と言って、ラグビースクールを勧めるとのめり込み、山の手高校に入学してきてくれました。怖いものなしで、どんな相手に対してもすごいタックルをする選手でした。

ほかにも、中学までは札幌の有名クラブでサッカーをしていた子が「ラグビーがしたい」と入部してきてくれました。彼は足がめちゃくちゃ速くて、大学でも活躍していました。

悪ガキがセブンズ日本代表に

マイケルの1学年上に、山根有人という選手がいました。

彼もやんちゃだったので、ラグビー部に入部させたのですが、身長が187cmあり、身体能力も高く、めきめきと頭角を表してきました。

高校卒業後は法政大学にスカウトされ、ホンダヒートで活躍し、セブンズ(7人制ラグビー)の日本代表にも選ばれました。

山の手高校出身で、初めて日本代表に選ばれた選手です。

ある日の練習中、彼は面白くないことがあったのか「こんなのやってられるか！」とヘッドキャップを私に投げつけ、練習をボイコットしたことがありました。

それから2、3日の間は学校にも来なかったので心配になり、家庭訪問をしました。

すると家にいたので「山根、ラーメン食いに行くぞ」と言って誘い出し、ラーメンを食べながら「毎日、何をしているんだ？」と、他愛もない話をして別れました。

それから1週間しても学校に来ないので、また家に行き、今度は「カツカレー食いに行くぞ」と言って、前回同様、他愛もない話をしていたら、翌日から学校に来るようになりました。

私は彼とラーメンを食べているときも、カレーを食べているときも「学校に来い」とは一言も言いませんでした。

このようなときは、相手のタイプを見て、こちらの出方を変えます。

山根は「学校に来い」と言っても、素直に聞くタイプではないと思ったので、「お前のことを気にかけているぞ」という気持ちを態度で示すにとどめました。

ラグビー部に戻ってきてからは活躍し、推薦で大学に進み、在学中にセブンズの日本代表に選出されました。

卒業後、ラグビーの世界で活躍するようになり、結婚式に呼ばれました。

式場に入り、席につくと、手紙が置いてありました。

そこには「先生と出会えなかったら、いまの僕はありません」と書いてありました。それを見たとき、とてもうれしかったことを覚えています。

南北海道大会15連覇

2000年に花園へ初出場してから、南北海道大会では敵なし。2014年まで15連覇しました。

連勝が途切れたのが、函館ラ・サール高校に負けた、2015年です。

このときは主力にケガ人が続出し、厳しい試合が続いていていました。試合を重ねるごとに選手が欠けていき、いつの間にか接戦になり、終いには雨が降ってきたりと、負ける要素が積み重なっていました。結局、12対22のスコアで敗れ、函館ラ・サール高校に花園初出場を決められてしまいました。

15年連続で花園に出場していたこともあり、負けた後は集中砲火を浴びました。精神的にもキツく、かなり追い詰められました。

「責任を取れ」「うちの子は、花園に行かせるために山の手に入れたんだ。謝罪しろ」などなど…。

むちゃくちゃな言い分ですが、ぐっと堪えて「自分が頭を下げればいいんだ」と言い聞かせて乗り越えました。

コーチの藤井栄人が、決勝戦でラ・サールに負けた新聞記事をトレーニング室に貼り、みんなを鼓舞していました。あの悔しさを忘れないように、頑張ろうと。

このとき、私が注力したのが、選手のスカウト活動です。

スクールの中学生に声をかけ、とにかく部員を集めて、もう一度建て直そうと、足元を見つめ直しました。

私に指導のイロハを教えてくれた巴山さんは「スカウトが8割だぞ」と常に言っていました。「スカウト8割、監督の力は1割。あとの1割は運だ」と。

選手のスカウトは、私が現場に足を運び、直接見るようにしています。

北海道はとにかく広いので大変ですが、遠方のラグビースクールに良い選手がいることもよくあります。原石をみつけるとうれしくなります。

ただ、私がいつまで動けるかはわからないので、黒田弘則コーチ（現・監督）と伊藤允晴コーチを函館のラグビースクールに行かせ、指導をしてくるように言ったこともありました。

そうすると「山の手に行くと、こういうラグビーができるんだ」「こういうコーチに教えてもらえるんだ」と、興味を持ってくれるようになるからです。

ラ・サールに負けた後、翌年は勝ちましたが、その翌年にまた負けてしまいました。

このままズルズルいくとまずいなと思っていたのですが、新入生にいいメンバーが入ってきてくれて、持ち直すことができ、２０１８年の決勝でラ・サールを破って、花園に行くことができました。

花園では熊本西高校に27対19で勝ち、1回戦を突破しました。2回戦ではBシードの中部大春日丘（愛知）に17対48で負けましたが、そのときは2年生が主力にたくさんいたので、来年も期待できる布陣でした。

そして翌年も花園に出場。初戦は高鍋高校（宮崎）に26対14で勝ち、2回戦は昨年に続き中部大春日丘と対戦、0対19で負けました。

春日丘の宮地真先生が面倒見の良い方で、山の手ラグビー部が初めて大阪に遠征に行ったときに、合同練習をさせてもらいました。

そのときに冗談めかして「僕たちが山の手の踏み台になりますから」と言っていたことを覚えています。

その後、春日丘はどんどん強くなっていくのですが、私の指導キャリアの晩年に、2年連続全国大会で対戦するなんて、不思議な縁を感じます。

教え子が臨時コーチに

2020年は記念すべき第100回記念大会。私が59歳のこの年にも花園に行くことができましたが、初戦で鹿児島実業に14対19の1トライ差で敗退。メンバーはそろっていたのですが、力を発揮させてあげることができませんでした。

この試合を見ていた、羽幌高校時代の教え子、丹羽政彦が「来年は幹夫先生が退職の年なので、山の手に色々と伝授しに行きますよ」と言って、翌年から臨時コーチとして来てくれることになりました。

そして定年を迎える60歳。指導者として、最後の1年がスタートしました。

丹羽はまず「コーチ陣のコーチ」として、コーチングスタッフ全員が指導の内容や価値観を共有できるように、何度もミーティングをしてくれました。

私は山の手高校にラグビー部を作り、これまで多くの人に助けてもらい、ここまで来ることができましたが、最後は教え子に助けてもらうことになりました。

丹羽を中心に「花園でシード校に勝って、幹夫先生の花道を作ろう」と言って、シーズンがスタートしました。

丹羽は会社帰りにグラウンドに寄ってくれたり、合宿にも来てくれたり、参加できないとき

羽幌高校時代、4ヶ月だけコーチをしていた時の教え子・丹羽政彦（写真左）

は映像でチーム状況を確認したりと、あらゆる形でサポートしてくれました。

そして目標通り、花園に行くことができ、初戦で黒沢尻北高校（岩手）と対戦。36対10で勝ちました。

2回戦の相手はシード校の大阪桐蔭です。この試合では先制トライを決め、先手を取ることができました。

結果的に22対7で負けてしまいましたが、北海道のチームでもこのぐらいはできるんだという意地を見せることができた試合だったと思います。

選手たちはよく頑張ってくれましたが、丹羽もよく頑張ってくれました。

彼がいなければ、シード校をあそこまで追い詰めることはできなかったでしょう。他のコーチングスタッフも含め、全員に感謝したいです。

私は60歳で定年を迎えたので、若い人たちに継承していくことも大事なことだと考えています。

いつまでも情熱を持って、生徒たちと向き合いたい気持ちもありますが、現場は若い人たちに任せ、私は留学生の面倒を見たり、スポンサーを探したりと、外側からチームをサポートするように、シフトチェンジしています。

山の手高校にはたくさんの恩があるので、学校から必要だと言われたときには、色々な人の力を借りて、恩返しをしなければいけないと思っています。

マイケルは以前「山の手高校を立て直すのが、自分の使命だ」と言っていましたが、ラグビー部の部員がもっと増えて、ラグビー部が自分の居場所だと思える人を、ひとりでも増やしたいです。

打倒シード校を目指して挑んだ監督最後の花園。教え子の丹羽が臨時コーチとしてチームをサポートしてくれた

そして卒業してからもずっと「ラグビーをしていてよかった」と思ってもらえたら、これはどうれしいことはありません。

好事魔多し

２０００年、花園に初出場して以降、連続出場し、２００４年にマイケルが初の留学生として入学した年に、健康診断で腎臓の数値が悪いことが発覚しました。

その後、定期的に通院はしていたのですが、全国出場を決めた祝勝会で飲んでいるときに貧血で意識をなくし、救急車で病院に運ばれました。

その時、花畑で寝ている夢を見ました。川の向こうに私のお婆さんがいましたが、声をかけてくれませんでした。呼ばれていたら、あの世に行っていたでしょう。

２００６年には「人工透析の準備をするように」と医者に勧められました。自分でいろいろ調べているうちに腎移植の道があることがわかり、そちらを選び、現在に至っています。

その選択をしていなければ、その後の監督業は続けられなかったと思います。

日本では毎年３万人以上の人が、末期の腎不全で「透析治療や腎移植」を必要としているそうです。

それから一年後、二つの自己腎臓に癌が見つかりショックを受けましたが、主治医から「取ったら大丈夫です」と言われ、安心してお任せしました。私のお腹は手術で傷だらけです（笑）。

その後、転移も無く現在に至ってます。

2021年に定年を迎えるため、ラストとなる大会で、通算20度目の花園出場を決め、監督として最後の胴上げ

SAPPORO
YAMANOTE

3

リーチ マイケルと
過ごした日々

運命を変えた、１枚のＦＡＸ

２００３年、ニュージーランドのセント・ビーズ・カレッジから、１枚のＦＡＸが届きました。このＦＡＸが、日本ラグビー界に大きな影響をもたらすことになるなんて、当時の私には知る由もありませんでした。

差出人は、同校に勤務する、マーク・イリーさんでした。

マークさんは学生時代、北海道大学に留学した経験を持ち、札幌を本拠地とするクラブラグビーチーム「北海道バーバリアンズ」の礎を築いた方でした。

日本人と結婚し、ニュージーランドに帰って、留学の仕事をしていました。

マークさんからのＦＡＸには、こう書いてありました。

「僕の第二の故郷である札幌の高校に、ぜひ留学プログラムに参加してほしい」

私はそのＦＡＸを持って、理事長に「こんな話が来ていますが、どうですか」と提案しました。

すると「いいですね」と返事がきたので、すぐにニュージーランドに渡り、セント・ビーズ・カレッジと姉妹校提携を結びました。

入学当初は身長178cm、体重78kg。「細くて、大丈夫かな?」と心配するほどのきゃしゃな体形だった

そして、ラグビー部は修学旅行の一環としてニュージーランドへ渡り、短期間、ホームステイをして過ごしました。

翌2004年、山の手高校ラグビー部から5人の生徒が半年間留学に行き、向こうから2人の生徒がやって来ました。

それがリーチ マイケル（当時はマイケル・リーチ）と、マークさんの息子、ニクラス・イリー（元・三菱重工業ダイナボアーズ／現・アシスタントコーチ。愛称はニック）でした。

マークさんがセント・ビーズ・カレッジの生徒に「日本でラグビーをやりたい人はいないか？」と声をかけたところ、マイケルが「行きたい！」と手を上げたそうです。

その背景には、マークさんの息子であるニックとマイケルが仲が良かったのと、日本人の高校生が、マイケルの家にホームステイをさせてもらったことがあり、日本人と交流があったので、日本に興味を持ったようです。

結局、ニックは1年間、マイケルは3年間を山の手高校で過ごすことになりました。

日本に来たマイケルは、学校からほど近いお寿司屋さんの家にホームステイしていました。その家の息子が前年、ニュージーランドに交換留学で行き、マイケルの家にお世話になっていたので、その繋がりで面倒を見てくれることになりました。

それが、マイケルの2学年上でキャプテンを務めた、森山展行《ひろゆき》（現・札幌山の手ラグビー部コーチ）です。

1年目は森山家にホームステイし、2年目は別の部員のところにお世話になり、3年目は他の留学生と一緒に、アパートで暮らしていました。

ニュージーランドから単身で来日したマイケルですが、日本語が堪能なニックの助けを借りながら、ラグビーと勉強に励んでいました。

ニックはお母さんが日本人で、札幌の豊平に家がありました。

そこから学校に通い、ときにはマイケルのホームステイ先に泊まったりと、何かとサポートしていました。

ニックは日本語も英語もペラペラでしたので、マイケルの助けになっていたと思います。

マイケルの実家が全焼

マイケルとの思い出はたくさんありますが、ニュージーランドの家が家事になったときは大変でした。

学校に連絡があり「マイケルの家が全焼した」と言うのです。

家族が無事だったのは不幸中の幸いでしたが、住むところがないので、近所の借家に移ったそうです。

ちなみにマイケルのお父さんは大工さんで、自分で家を建てるほどの腕前でした。マイケルが日本に来る前、ラグビー部は修学旅行を兼ねてニュージーランドに行っていたので、マイケルのお父さんとも面識がありました。

「来年、家を増築するから、完成したらミキオはここで寝てもいいぞ」と言ってくれた、あの家が全焼してしまったのです。

私は「ご家族が大変な思いをしているから、一度ニュージーランドに帰ったらどうだ」と提案したのですが、マイケルは「僕は帰りません。もう帰る家がないんです」と言って、首を縦に振りませんでした。

そこでラグビー部が中心となり、マイケルの家を建て直すための募金活動をしました。学校の生徒やＰＴＡ、学校外のラグビー仲間に声をかけ、70万円ほどが集まりました。

その頃、姉妹校提携を結んだセント・ビーズ・カレッジの先生が、短期間、山の手高校に来ていて、帰る頃だったので「このお金をマイケルのご両親に渡してください」と託しました。

当時のマイケルは日本に来たばかりで言葉が理解できておらず、我々が募金活動をしていたことも、詳しくはわかっていないようでした。

その後、お金が届いたお母さんからマイケルの元へ連絡が入り、初めて知ったそうです。募金の顛末を聞いたマイケルはいたく感動して「僕はこれから、日本のために頑張りたい。日本の人たちに恩返しがしたい」と強く思ったそうです。

最初に覚えた日本語は「たんぽぽ」

マイケルは日本語の習得に熱心で、部屋に「あいうえお」と書いてある表を貼って覚えたり、私の娘が小学生時代に使っていた、国語の教科書で勉強していました。

後にマイケルが有名になり、あるインタビューで「最初に覚えた日本語は、たんぽぽです」と言っていました。

「たんぽぽ」は、娘が使っていた教科書に載っていた文章の題名でした。

山の手高校でも、留学生用に日本語の授業を設け、週に数時間は学習にあてていました。マイケルはものすごいスピードで、日本語を習得していきました。

来日3ヶ月ぐらいで、私の言うことはだいたい理解できていたのではないかと思います。

そして1年が経つ頃には、ほとんど不自由なく、日本語を使いこなしていました。

ニュージーランドでも日本語の勉強をしていたというだけあって、来日1年が経つ頃には不自由なく日本語を使いこなしていた

高校2年生のとき、マイケルがある国立大学に「行きたい」と言ってきたことがありました。そこは偏差値も高く、留学生を採っていなかったので「難しいと思う」と伝えると「わかりました」と素直に聞き入れて、帰っていきました。

後から、なぜその大学を志望したのかを訊くと、バスケットボール部に好きな子がいて、その子の進学先だったのです。結局、その恋は告白できないまま終わったようです。

かつて、山の手高校の近くにお蕎麦屋さんがあり、マイケルはそこの2階に住んでいたことがありました。

そのお蕎麦屋さんにはアサコさんという綺麗なお嬢さんがいました。当時、25歳ぐらいだったと思います。

アサコさんがマイケルに「英語を教えてほしい」と言うので、熱心に教えていたようです。

その見返りに、お蕎麦屋さんでご飯を食べさせてもらっていました。

後にマイケルがワールドカップで活躍したとき、テレビ局の人にそのエピソードを話したら「ぜひアサコさんにインタビューがしたい」と言うので、紹介したことがありました。

マイケルはその映像を見ながら、緊張しているような、恥ずかしいような、なんとも言えない表情をしていました。

高2の終わり頃、頭角を現す

いまでこそ、山の手高校ラグビー部のグラウンドは立派な人工芝になりましたが、以前は土でした。

ラグビーは地面に這いつくばるスポーツなので、土だとすり傷が耐えません。

マイケルがいた頃はまだ土のグラウンドでしたので、よく膝をすりむいていました。ニュージーランドはたいてい天然芝のグラウンドなので、環境面では辛そうでした。

見かねた私が、バレーボール用のひざサポーターを買って渡したら、とても喜んでいたのが印象に残っています。

マイケルには、私の実家の雪下ろしを手伝ってもらったこともありました。

楽しみながらやって、雪と一緒に滑って落ちて喜んでいました。

その後にお袋がジンギスカンを作ってくれて、一緒に食べました。これもいい思い出です。

マイケルは負けず嫌いなところがあり、試合でチームに貢献できないと「もっと強くなりたい」「上手くなりたい」と落ち込んでいました。

当時の写真を見ると、体が細くひょろっとしていて、いまの面影はありません。まるで別人です。試合でタックルされてはふっとばされ「チームに貢献できていない」と悩みながら、黙々

高校2年の終わり頃から体も大きくなり、一つ一つのプレーにも迫力が増してきた

チームの勝利に貢献したいという一心で、毎日居残りで練習していた姿は、今でも鮮明に覚えています

と一人、居残り練習でタイヤを引いていた姿を覚えています。いまでこそ、日本代表のキャプテンとして、力強い言動でキャプテンシーを発揮していますが、当時はそのようなタイプではありませんでした。

マイケルが頭角を表し始めたのが、高校2年生の終わり頃でした。ひげが生え始め、体もみるみるうちに大きくなっていきました。動きも大人っぽくなり、強烈なタックルを連発するなど、プレーの迫力が増してきました。その姿を見て「すごい体になってきた。相手選手は怖くて近づけないんじゃないか」と感じました。

高校日本代表に選出

マイケルの試合で印象に残っているのが、2年生のときの花園の2回戦です。1回戦で高松北高校（香川）に勝ち、2回戦でシード校の大阪工大高校（現：常翔学園高校）と対戦しました。相手は名門で、中学時代のエース級が集まる高校です。

こちらはマイケル以外、ほとんどが高校からラグビーを始めた選手ばかり。それぐらい力の

「山の手にマイケルあり」と全国的にも注目された3年の春、初めて高校日本代表に選出された

差はありました。

この試合、マイケルは徹底マークに合い、山の手高校対大工大ではなく、マイケル対大工大のような展開でした。

それでも彼は怖いものなしで、すごいタックルを連発していました。

試合は55対0で負けたのですが、孤軍奮闘という言葉がふさわしいほど、気迫溢れるプレーを見せてくれました。

その頃から「山の手にマイケルあり」と、全国に知れ渡っていきました。

ちなみに、3年生のときも花園には行きましたが、雨の1回戦でそれほど強豪とは言えない相手に負けてしまいました。

3年生の春、マイケルは大阪体育大学で行われた、高校日本代表の選考合宿に呼ばれました。そこでのプレーが認められ、高校日本代表に選出されました。

担当者から電話がかかってきて「マイケルを高校日本代表に選びます」と言われたときは、驚きと同時に、うれしさが込み上げてきました。

山の手高校から、初めて高校日本代表が誕生した瞬間でした。

私は一度だけ、マイケルを叱ったことがあります。高校3年の夏休みでした。

高校日本代表の遠征があり、マイケルはオーストラリアに行きました。

遠征が終わったので、新千歳空港に車で迎えに行き、その足で山の手高校が合宿をしていたニセコへ連れていきました。

その時マイケルは「疲れているので、数日休ませてください」と言ったのですが、私は「マイケルは将来、日本代表になるんだから、タフにならなければいけない。ここで頑張らないとダメだぞ」と、強い口調で言いました。

すると、とても嫌そうな顔をしていました（笑）。

マイケル自身、そのときのことを覚えていて、後のインタビューで「もっとタフにならなきゃダメだと、ミキオ先生に言われたことは今でも覚えています」と答えていました。

ジョシュア・マウと大ゲンカ

高校時代のマイケルには、留学生の友人がたくさんいました。

なかでもマイケルの2学年上の先輩、ジョシュア・マウ（元・リコーブラックラムズ）とは、寮の同じ部屋に住み、毎日のように顔を合わせていました。

あるとき、マイケルとマウをハンバーグレストランの『びっくりドンキー』に連れていったことがありました。

「どちらがたくさん食べられるか、競争しよう」ということになり、マウが750グラムのダブルチーズバーグディッシュ、ご飯大盛をペロッと食べました。

当時のマイケルは体が細く、マウより食も細かったのですが、負けず嫌いだったので、同じメニューをなんとか完食しました。

どちらがたくさん食べるか、決着をつけたかったのですが、あいにく私の手持ちがなく、そこで大食い対決は終わりました（笑）。

別の日には、私がマイケルの部屋に行くと、驚くべき剣幕で先輩のマウに怒っている姿を目撃しました。

理由を聞くと、マイケルが買ってきたアイスクリームを、マウが断りもなく食べてしまったそうです。

こちらが驚くほどの迫力で怒っていた姿は、いまでも鮮明に覚えています。

マウはニュージーランドの高校を卒業後、日本の大学に進学するにあたり、山の手高校に1年間、語学留学に来ていました。

マウのお父さんから「大東文化大学に進学が決まっているから」と伝えられたので、1年間受け入れました。

当時の大東文化大学の監督は、シナリ・ラトゥさんという、元日本代表の方でした。あるとき、ラトゥさんが山の手の練習を見に来たので、マウの件で来たのかなと思ったら「そんな話は聞いてませんよ」と言うのです。

どうやらマウのお父さんが、息子は大東文化大学に入れると、勘違いしていたようなのです。そこでお父さんに連絡すると「どうにかしてください」とお願いされたので、留学生を採ってくれる大学はないか、つてをたどって探しました。

すると東海大学が「留学生を採りたい」と言っていると伝え聞き、木村季由監督に話をすると「一度、練習参加に来てください」というところから話が進み、マウを受け入れてくれることになりました。

それからしばらくして、木村監督から「マウはよく頑張っています。ぜひ来年、マイケルをうちに寄越してください」とオファーをいただきました。

山の手から、東海大学への道を切り開いてくれたのはマウでした。

彼が大東文化大学に行っていれば、マイケルの進路ももしかしたら違ったものになったかもしれません。

銅像を建てる約束

マイケルが東海大学に入学した後、私は彼の追っかけをしていました。頻繁に大学の試合を観に行ったりと、交流は続いていました。

その頃冗談半分で「マイケルが日本代表になったら、銅像を建ててやる」と約束しました。

すると大学2年生のときに電話が来て「先生、日本代表になりました」と言うのです。

そのときは「まだ早いじゃないか」と言ってスルーしました（笑）。20歳ぐらいでしたので、銅像はまだ早いだろうと思ったのです。

そこで「日本代表のキャプテンになったらいいよ」と言うと、2014年にエディー・ジョーンズ監督に指名され、日本代表のキャプテンになりました。

そこで「先生！キャプテンになりましたよ！」と連絡が来たので、約束を果たすときが来たなと思っていたところ、最終的にはマイケルから「銅像があるので送っていいですか？」と申し出てくれました。

2019年のワールドカップ関連で、三菱地所が制作した銅像があり、東京の丸の内に展示されていたものです。

そして2020年、マイケルの銅像が、山の手高校に寄贈されました。

ラグビー部が毎日練習するグラウンドには、寄贈されたマイケルの銅像が置かれている

マイケルが日本代表のキャプテンになったことについては「立派に成長したな」という誇らしい気持ちです。日本代表にはたくさんのルーツを持つ選手がいるので、マイケルが適任だという気持ちもあります。

私がマイケルから学んだのは、ラグビーを楽しむ気持ちです。

厳しい練習の中にも楽しさを見出し、試合中も楽しそうにプレーするんです。練習中の雰囲気もよく、自由にプレーしていました。

マイケルは卒業後も、山の手高校を気にかけてくれています。

花園行きが決まったある年のこと。初戦の相手が佐賀工業だったので「みんなで佐賀を食ってください」と言って、佐賀牛を送ってきてくれました。グローバルアリーナのレストランで焼いてもらって食べたのも思い出です。

ある年には、生徒が「花園に着ていく、おそろいのパーカーが欲しい」と言うので、ダメ元でマイケルに相談したら「わかりました」と言って、契約しているアシックスのパーカーを送ってくれたこともありました。それも何年か連続して。恩を忘れないというか、義理堅いやつなんです。

マイケルを追っかけて世界中へ

2006年に、高校日本代表の遠征に応援に行ったのが、マイケルの追っかけの始まりです。マイケルは最終戦のニューサウスウェールズ州代表との試合で最優秀選手に選ばれました。ビッグゲームに強い片鱗が見えた試合でした。

2012年　日本代表対フレンチバーバリアンズ（フランス・ルアーブル）

私にとっての初のフランスへの旅でした。試合翌日マイケルから連絡があり、パリのシャンゼリゼ通りでランチしました。待ち合わせ場所は凱旋門前でした。

2014年　セブンズのアジア大会

韓国の仁川で行われた大会に行ってきました。現地でマイケルの奥さん等と合流して韓国料理を堪能してきました。

２０１５年　ラグビーワールドカップイングランド大会

予選リーグのサモア戦とアメリカ戦の応援に駆け付けました。初戦で南アフリカに勝利して世界中を震撼させた大会です。勝ち点差で決勝トーナメント出場を逃しました。

２０１８年3月　ニュージーランドのチーフスの応援

マイケルが所属するスーパーラグビーのチーフスの応援に。ラグビー部がニュージーランド遠征中に招待されました。

２０１８年11月　日本代表対イングランド代表（ロンドン・トゥイッケナム競技場）

友人の福井さんご夫婦とロンドンで待ち合わせ、マイケルの応援に行きました。試合の二日前、マイケルが私のホテルまでチケットを届けてくれました。しかしホテルの入り口で警備員に呼び止められ、なかなかホテルに入れなかったと言っていました（笑）。

ワールドカップフランス大会初戦のチリ戦。試合後、観客席の私を見つけてくれたマイケルと記念の一枚

2023年9月　ラグビーワールドカップフランス大会

予選リーグのチリ戦（トゥールーズ）とイングランド戦（ニース）の応援に現地に行きました。

10年来の友人、長谷川敬一（長谷川理恵さんの兄）等と4人で行きました。経由便で行ったのでシンガポールでチリクラブを食べて、観光してミュンヘンでビールを飲んで、トゥールーズに到着です。早速町に繰り出し、町の人たちと交流しました。

チリ戦前に「スクラムユニゾン」の村田巧さん、田中美里さんと合流して応援の練習に加わり、全力で応援しました。「スクラムユニゾン」は村田さんと田中さん、そしてラグビー元日本代表キャプテンの広瀬俊朗さんのグループで、国歌を歌っておもてなしをする活動をしています。

チリ戦は試合には勝ちましたが、応援の差は明白。チリの大声援に圧倒されました。

試合後には、グラウンドを回っているマイケルが、私を見つけました。その瞬間、こわばっていた表情がほぐれ、ニコッと笑って「写真を撮りますよ」と言ってくれました。

次の試合（イングランド戦）まで一週間あったので、パリに友人を頼って遊びに行きました。

ピアノバーに行くとアルゼンチンの応援団がいて、両国の応援合戦になりましたが負けてしまいました。

パリから高速電車で長谷川さんが幼少時に育ったブリュッセル（ベルギー）に行き、小便小僧、軍事博物館、EU本部、ヨーロッパ一おいしい寿司屋などに行ってきました。ヨーロッパから見た日本を考えさせられた旅でした。

ブリュッセルから飛行機でイングランド戦の地ニースへ。試合まで日にちがあったので、ニースから電車でモナコに観光に行きました。

モナコ駅に着くとラグビー日本代表のコーチ等が散歩していました。そこですぐにマイケルに連絡を取り、「モナコに来たよ」と伝えたところ、「午前中は練習がないから、ビールをおごるから来てください」と言われました。

マイケルと一緒に過ごしたのは2時間ほどでしたが、彼はリラックスしていて、周りには他の選手もいました。一緒に写真を撮ってくれたりと、とてもフレンドリーな雰囲気で、良い時間を過ごすことができました。

試合当日、初戦で試合には勝ったが、応援負けした教訓を生かし「スクラムユニゾン」の村田さんが試合前に統一した応援を考えてくれて、国籍に関係なく、多くの人を集めて応援の練習をしていました。素晴らしい活動だなと心から感心しました。

観光で立ち寄ったモナコでは日本代表が合宿をしていて、練習がオフだったマイケルに一杯ご馳走になった

試合には負けましたが、マイケル始め、日本代表選手たちはよく頑張りました。

フランスでは多くの方たちと出会い、輪が広がり、素晴らしい時間を過ごせました。それにしても長谷川さんのフランス語や英語の語学力には感心しました。彼はその後、私の力になりたいと、北海道ラグビー協会理事長補佐として頑張ってくれています（笑）。

特別対談
リーチ マイケル×佐藤幹夫

リーチ マイケル　1988年10月7日、ニュージーランド クライストチャーチ生まれ。5歳からラグビーを始め、2004年、15歳の時に来日し札幌山の手高校に留学。東海大学へ進学し、在学中の2008年、20歳でラグビー日本代表入りを果たす。2011年、東芝ブレイブルーパスに入団。同年、日本代表としてラグビーワールドカップ2011ニュージーランド大会に出場。2013年、日本国籍を取得。2015年、2019年のラグビーワールドカップでは日本代表のキャプテンを務めた。2023年には4大会連続でラグビーワールドカップに出場した。ジャパンラグビーリーグワン2023-2024では、キャプテンとして、東芝ブレイブルーパス東京を優勝に導いた。

僕はニュージーランド、クライストチャーチのセント・ビーズ・カレッジという学校で、ラグビーをしていました。

中学生の頃、京都産業大学ラグビー部がニュージーランドに来たときに、練習の手伝いをする機会があり、そこで初めて日本と交流しました。

その後、ラグビー高校日本代表や札幌山の手高校、東福岡高校や江川高校などがニュージーランド来た際、人数が足りない時に駆り出され、試合に混ぜてもらったことがありました。

そのような経験から、日本に興味を持ち始め、日本からの留学生を家に泊めたり、学校の授業で日本語を勉強するなどして、いつか日本に行きたいと思っていたところ、15歳の時に留学のチャンスが来たので、迷うことなく決断しました。

日本に来た時から、将来はラグビーで生計を立てたいと考えていました。実家の家を建てたかったので、絶対にラグビーで成功しようと思っていました。（談）

15歳のとき、留学生として来日

佐藤：マイケルは、札幌山の手高校の留学生、1期生なんだよね。来日した時は、黒田先生（弘則・現ラグビー部監督）が迎えに行ったのかな？

マイケル：はい、そうでした。

佐藤：学校のグラウンドでマイケルに初めて会ったときに、予想より細いなと思ってね。身体はそれほど大きくないし、可愛い顔をしていたので、「ラグビーできるかな？　大丈夫かな？」と心配したんだよ。

マイケル：まゆげが太かったので「げじげじ君」と呼ばれたこともありました（笑）。

佐藤：そんなこともあったね。

マイケル：幹夫先生は、いまと全然変わらないですね。いつもニコニコしていて。あの頃

から、まったく年をとっていないんじゃないですか？

佐藤：いやあ、だいぶ年をとったよ（笑）。

マイケル：幹夫先生とは、どこに行くにも一緒でしたね。ヘアカットも一緒に行きましたし、ご飯屋さんには、毎日にように連れて行ってくれて。

佐藤：実家の雪かきを手伝ってもらったこともあったね。

マイケル：懐かしいですね。僕が育った（ニュージーランドの）クライスト・チャーチは、少しだけ雪が降るんですが、そんなにたくさん降ることがないので、雪かきをするのは、初めての経験でした。本当に楽しかったです。

佐藤：雪かきが終わった後、母が作ったジンギスカンを食べて。

マイケル：食事に行くたびに、お腹いっぱいになるまで食べさせてくれましたよね。注文も、いつも大盛りかダブルサイズ。ハンバーグセットのダブルとか、カツカレーのダブルとか。

佐藤：高校2年の終わり頃から、体が大きくなり始めたね。ひげが生えてきて、どんどんゴツくなって、ヒグマのようだった（笑）。対戦相手も、怖がっていたと思うよ。

高校3年間で、見違えるように成長

マイケル：高校1年生の時に花園に出場して、正智深谷高校（埼玉）と試合をしましたよね。

佐藤：完敗した試合（5－89）ね。

マイケル：相手チームにトンガ人の留学生がいて、自分とは全然違いました。全く歯が立たずに終わってしまって。それがとても悔しくて。

佐藤：1年生の時のマイケルは、チームに貢献できないことに悩んでいたこともあったよね。

マイケル：周囲の人から「ハズレの留学生だ」と思われていたと感じていました。そこから、ご飯をたくさん食べて、筋トレをして、居残りで練習をして、タイヤ引き、山登りなど、あらゆるトレーニングに取り組みました。

佐藤：この前、マイケルがランニングしていた山にヒグマが出て、大変だったんだよ。

マイケル：えっ！

佐藤：2mだって。マイケルと同じくらいだね。

マイケル：怖いですね。ヘビも出るし。

佐藤：1年生の頃、試合中に「あの外人、大したことないな」と言われて、えらく怒っていたことがあった。覚えてる？

マイケル：もちろんです。その選手の顔を覚えていて、大学生の時に対戦したんですよ。自分のほうが強くなっていたので、けちょんけちょんにしてやりました（笑）。しかもその後、社会人になってからも対戦したんです。そのときも圧勝。意外と自分、根に持つタイプなんです（笑）。

佐藤：高校の3年間で、見違えるように成長したよね。3年生の頃には、入学当初の面影がないぐらいに変わっていて。

マイケル：高校1年生の時は、体重78キロ。3年生の時には、103キロまで増えました。400gの大きなハンバーグを2つ、カツカレーダブル、焼き肉食べ放題、ジンギスカンなど、とにかくたくさん食べました。伊藤先生（允晴・コーチ）も、たくさん食べるよう

に勧めてくれて。

佐藤：マイケルの成長ぶりを見て、もっと体を大きくしなければと思い、たくさん食べさせるようにしたんだよ。最初は自分がお弁当を作ってね。お弁当を作り始めたら、周りの人が肉や米を持ってきてくれて、部室の1つが食材部屋になっちゃった（笑）。

マイケル：札幌はとにかくご飯が美味しいですから。日本に来て、ホームステイ先のお宅に初めてうかがったとき、お寿司をたくさん出してもらったんですよ。

佐藤：森山（展行・コーチ）の実家ね。

マイケル：それで「お寿司が食べられないといけないから」と、フライドチキンも用意してくれて。寿司もチキンも両方食べました（笑）。

佐藤：最初の頃は、梅干しやひじきなど、見たこともない食材が食べられなかったよね。

マイケル：1年生の頃は、朝ごはんにお米や焼き魚を食べる習慣がなかったので、慣れるまでが大変でした。一度お願いして、僕だけコーンフレークにしてもらったことがありましたよね？

佐藤：そうそう。

マイケル：特別扱いをしてもらったのは、そのときだけだと思います。それ以外は、バス掃除から部室掃除、グラウンド整備まで、みんなと同じように行動していました。

3年間、彼女ができなかった

マイケル：山の手高校の3年間で一番大変だったのは、彼女ができなかったことですね(笑)。

佐藤：マイケルがお蕎麦屋さんの2階に下宿していたときに、アサコさんというお蕎麦屋さんの店長がいたの覚えてる？

マイケル：覚えてますよ、もちろん。

佐藤：お蕎麦屋さんの親父さんが私と仲良しで、ラグビー部によくしてくれていたんだよ。「部員に腹いっぱい、ご飯を食べさせたい」とか「今度、寮を作るから住んでくれ」とか言ってくれてね。それで「マイケルが英語を教えるから、その代わりにお蕎麦をお腹いっぱい食べさせてあげてほしい」と言ったら、「いいですよ」と言ってくれて。

マイケル：ありがたかったけど、すごく大変でした。そもそもどう教えればいいかわからなかったし。年上の素敵な女性が相手だったので、毎回汗をかきながら教えていました。

佐藤：マイケルがラグビーワールドカップに出るとき、テレビ局の人が「アサコさんを取材したい」というので、紹介したことがあってね。

マイケル：懐かしいですね。それ以外に大変だったのが、高校日本代表に選ばれた時。海外遠征して全ての試合に出場して、新千歳空港に戻ってきた後、合宿地のニセコに連れて行かれたことです。幹夫先生に「休んでもいいですか？」と聞いたら、「ダメだ」と言われたのは衝撃でした。

佐藤：新千歳空港に迎えに行って、そのままニセコの合宿所に直行したんだよね。

マイケル：長時間フライトの後、そのまま練習に行きました。だいぶ不貞腐れながら練習した記憶があります（笑）。

佐藤：日本代表になるためには、タフにならなきゃいけないんだよ。

マイケル：高校日本代表に選ばれたときは、本当に嬉しかったです。幹夫先生のおかげです。

佐藤：マイケルの学年には、能力の高い選手が多くいたので、選ばれるのは厳しいだろうと思っていたんだよ。それもあって、選出されたと聞いたときは嬉しくてね。

マイケル：高校日本代表に選ばれるために、走りの練習をかなりしましたよね。幹夫先生が練習後に1500m走のタイムを計ってくれて。そのおかげもあって候補合宿では、フォワードの中で2位の記録を出すことができました。

佐藤：高校日本代表の合宿は、大阪体育大学でやったんだよね。マイケルが迷子になったら大変だと思い、大阪にいる巴山さん（康二・元外部コーチ）に連絡して、迎えに行ってもらって。

マイケル：フェラーリで迎えに来てくれました（笑）。最高ですよね。

佐藤：高校日本代表の監督さんから連絡が来て、「マイケル、無事に到着しました。ところで、マイケルを乗せてきた人は誰ですか？」と聞かれたんだよ（笑）。

マイケル：合宿ではタックルだけは自信があったので、頑張ろうと思っていました。でも、トライアルマッチ開始5分でタックルした際に鼻を折ってしまい、退場してしまったんです。

佐藤：よく頑張ったよ。

マイケル：高校日本代表の選手は関西の選手が多く、ラグビーのレベルもすごく高かったです。だから色々と大変でしたが、いま東芝で一緒にプレーしている、東北出身の三上正貴（当時・青森工業）と森太志（当時・仙台育英）の3人で乗り越えました。

札幌山の手高校の3年間でできた土台

佐藤：山の手の3年間を振り返ってどうだった？

マイケル：最高でしたよ。自分の土台を作ってくれたのは幹夫先生だと思っています。その土台が本当に強くて、何をやっても揺るがないですね。日本の文化や礼儀、どうやって生活していくか、チーム内の仕事や雑用なども含めて学びました。

佐藤：マイケルがいた頃はグラウンドが土だったので、だいぶ苦労していたよね。

マイケル：練習後は、擦り傷だらけでした。でも、周りの選手は上手く受身をとるので、傷が全然ないんです。

佐藤：柔道のおかげだね。フォワードとバックスに分けて、1日2時間、柔道の練習をさせていたから。

マイケル：そこで僕も柔道練習に参加するようになり、受身の取り方を学びました。おかげで、擦り傷が減りました。

佐藤：マイケルはよく、ひじやひざを擦りむいていたので、かわいそうになって、バレーボール選手用のサポーターを買ってあげたことがあったな。

マイケル：北海道の土は質が良いのか、傷ができても悪化しないんです。いい土ですよ(笑)。そもそもニュージーランドでは、ラグビーをするのは一年のうち半分だけ。練習も週に2回しかありませんでした。日本で毎日練習をすることで、メンタル面も体力面も技術面も鍛えられました。

マイケルの〝追っかけ〟

マイケル：幹夫先生とは、高校を卒業してからもずっと連絡をとっていますよね。

佐藤：マイケルの〝追っかけ〟だからね(笑)。

マイケル：海外まで応援に来てくれて、ありがたいですよ。先生の顔を見ると、安心するんです。

佐藤：ラグビーフランスワールドカップ大会のときに、マイケルと自撮りした写真があるんだけど、いろんなメディアに載っててね。

マイケル：あのとき先生、泣いてましたよね？ 珍しかったので、よく覚えています。

佐藤：チリ戦は嬉し泣きで、イングランド戦は負けて悲しくて泣いてしまったんだよね。

マイケル：海外まで来てくれるのは、力になります。試合の前日も、ホテルまで来てくれて、一緒に写真を撮りましたね。

佐藤：マイケルを追いかけて、いろんなところに行ったよ。

マイケル：幹夫先生は顔が広いので、どこに行っても知り合いがいますよね。高校や大学の先生もそうですし、東芝（ブレイブルーパス東京）の人はみんな知っています。北海道に帰ったらスターですし。すすきのを歩いたら、みんな「先生〜！」って声をかけてきますから。

佐藤：「みきおー」って、どこからともなく声が聞こえるんだよね（笑）。誰だと思ったら、昔悪さをしていた卒業生で。生活指導をしていたから、悪い奴の顔はだいたい覚えてるんだよね。

マイケル：幹夫先生は人柄が良くて、面倒見もいいし、嘘つかない。会うと元気になる。だからみんな、声をかけたくなるんじゃないですか。

タフにならなければいけない

マイケル：僕が幹夫先生に、一番教わったのは「タフにならないといけない」ということです。親元を離れて暮らしたので、ずっと幹夫先生の背中を見てきました。幹夫先生は掃除のおばあちゃんから定食屋のおやじさん、ラグビー部をサポートしてくれる社長さんまで、みんなに対して平等に接していました。人との接し方など、たくさんのことを学びました。

佐藤：自分ではあまり意識していないんだけど、みんなに感謝しなきゃいけないなと思う

んだよね。応援してもらっているんだから、偉そうにしちゃいけない。そうすると、みんな仲良くなるんですよ。

マイケル：幹夫先生には感謝しかありません。僕の人生を変えてくれた人です。僕も同じようにしたいと思っています。まだ現役なので、プレーで恩返しができるよう頑張ります。これからも多くの留学生や学生さんを、よろしくお願いします。

佐藤：マイケルには日本ラグビーのために、これからもいろんな形で頑張ってほしい。引退した後も、日本のラグビー界のために尽力してほしいです。

マイケル：やりたいことはたくさんあります。札幌山の手高校をもっとスポーツが盛んな学校にしたいですし、いつか幹夫先生の母校である国士舘大学も、強くなるお手伝いができればと思っています。

佐藤：その言葉を聞いたら、みんな喜ぶと思う。ラグビーっていうスポーツがこんなに楽しいんだっていうのを、みんなに知ってもらいたいよね。する人だけじゃなく、見る人も、支える人も増えれば、もっとラグビーの輪が広がっていくと思う。一緒に頑張りましょう。

マイケル：はい。これからも、よろしくお願いします。

SAPPORO
YAMANOTE

4

地域の人に
助けられて成長

人工芝グラウンドが誕生

２０２０年夏、山の手高校のグラウンドが人工芝になりました。

これは、不思議な出会いがきっかけです。

２０１９年の年末、学校に1本の電話がかかってきました。

ある女性から「山の手高校ラグビー部に1億円寄付したい」という申し出だったのです。

降って湧いたようなうまい話に、私は「いたずらに違いない」と、まともにとりあいませんでした。

「これから全国大会があるので、戻ってきたら連絡します」と言って、それっきりにしていました。

すると、花園から負けて帰ってきた、1月5日頃にまた電話がありました。

「この前の電話の件ですが、いつお話しに来るんですか？」と言われたので「もしかしたらこれは本当の話かもしれない」と思い、ご自宅にうかがいました。

そうしたら、亡くなった旦那さん（中原正雄さん）が生前、山の手高校からマイケルが巣立っ

日本代表でのマイケルの姿に感動した故・中原正雄さんの全額寄付によって、立派な人工芝のグラウンドが完成した

たことをテレビで見て知り「第2のリーチさんを育ててほしい」という願いで、寄付をするように頼まれたと言うのです。

話を聞くと、旦那さんは立派なお医者さんだったそうで、お世話になった大学や病院にもたくさんの寄付をしていた方でした。

その流れで、山の手高校ラグビー部に巨額の寄付をしてくれました。それがきっかけで、人工芝の立派なグラウンドが完成しました。

いまでは、そのときに対応してくださった奥様が、毎日のようにグラウンドにある花壇の草むしりをしてくれています。

山の手高校ラグビー部の子どもたちが頑張っている姿を見るのが生き甲斐のようで、こちらとしても、とても感謝しています。

ラグビー環境も年々良くなってきていて、以前より、試合の時はできるだけ天然芝のグラウンドで行うことを心がけていました。

2023年度の北海道大会決勝戦は、初めて札幌ドームで行われました。これも高校ラグビー界にとって、大きな一歩だと思います。

2023年7月22日、日本代表対サモア代表の試合が、札幌ドームで行われました。OBのマイケルが出場することもあり、全校生徒で応援に行きました。ラグビーを生で見たことない生徒たちも多かったと思いますが、目の前で繰り広げられる迫力あるプレーにみな目を輝かせながら応援していました。

これからもひとりでも多くの人に、ラグビーの面白さを知ってもらえるように、活動を続けていきたいです。

地域に支えられて活動を継続

山の手高校ラグビー部の成長は、地域のみなさまの協力なくては、なし得ません。地域の方々との交流の一環として、ラグビー部は、定期的に学校の近くにある発寒《はっさむ》川のゴミ拾いをしています。

きっかけは新入生歓迎会のバーベキューでした。

よく行く居酒屋のマスターから「バーベキューをするから来ない？」と誘われ、発寒川公園で行われた会に参加したことがありました。

その体験から、ここでバーベキューをしてもいいものだと思い、発寒川のそばにある公園でやっていたのですが、通りがかった人に「ここは公園だから、バーベキューをしたら駄目だよ」

と言われてしまいました。

それは悪いことをしたと思い、公園を掃除することにしたのです。それがきっかけで二十年以上、地元の方や企業の方と一緒に、ゴミ拾いに参加しています。

山の手高校ラグビー部員は体力もあって、元気がいいからということで、崖の下へ降りていき、放置してある自転車を掘り起こしたりと、力仕事を任されています。

発寒川の付近を歩いていると、いろんな鳥が飛んできます。アオサギが飛んできて、イワナを狙っているんです。そういうのを見て、ラグビーに役立ちそうだなと考えたりするのも楽しいんですよね。

山の手高校の近くに、三角山があります。そこはトレーニングコースでした。いまは熊が出るのであまり行きませんが、大倉山まで繋がっているので、マイケルはよくそこを走っていました。

書を捨てよ、町へ出よう

私は長年、山の手高校の生徒指導を担当していたので、地域の交通安全の集まりにも顔を出していました。

そうすると「山の手高校の自転車のマナーが良くなった」など、地域の方々のリアルな声を聞くことができます。

このように、地域の方と顔を合わせて話をすると、学校に対するイメージも変わってきますし、ラグビー部を気にかけてくれるようになります。

私は山の手高校に赴任したときから、登下校指導をしています。

生徒用の玄関前に立ち、交通安全の旗にホイッスルをつけて、自転車の交通整理をしています。朝の登校ラッシュ時は、たくさんの自転車が道路を走っているので「自転車は1列に！2列に広がってはダメ！」などの指導しています。

地域の方々には「何かあったら、すぐに連絡をください」と言っています。

自転車のマナーが悪いとか、なんでもいいので、気になったことを言ってくれると、こちらも対応ができますから。

そうしているうちに、学校がある札幌市西区の町内会の人たちが、ラグビー部を応援し、寄付をしてくれるようになりました。

全国大会出場のお礼に記念品を渡したりと、地域の方々とは良い関係を築きながら、やってこれたのかなと思います。

私はこういう人間で、こういう活動をしていますと、すべてをさらけ出しているので、顔と名前を覚えてもらえるようになってきました。

顔と名前を知ってもらうと、地域の人との距離も近くなります。

私は毎朝、発寒川の近くを散歩するのを日課にしています。そこではラジオ体操が行われているのですが、通りかかると「頑張ってね」などの声をかけてくれます。

何気ないことですが、このような交流が生まれ、地域の人達に認められる存在になっていくのだと思います。

若い指導者の方々は、地域の人と積極的に交流する気持ちを持っているでしょうか?

スマートフォンとにらめっこではなく、大事なのは書を捨てて、町に出ることです。私は高校生の時、寺山修司の『書を捨てよ、町へ出よう』という本を読み、大きなインパクトを受けました。

この本を読んで、積極的に町に出るようにしました。

そこで得た出会いは数え切れません。もちろん勉強も大切ですが、町に出て人に会い、いろいろな話を聞いたことで、勉強になったことはたくさんあります。

繁華街に顔を出すと、自然と地域の人たちと顔見知りになります。

ラグビー部が農作教育を始めたのも、居酒屋で隣り合った人が「定年になって、畑をやっている」という話から「今度、手伝いに行っていいですか?」という会話がきっかけでした。

地域の居酒屋に行くと、そこでもいろいろな出会いがあります。これは身をもって言えることです(笑)。

8年間続いた生徒の弁当作り

私はかつて、ラグビー部の生徒たちの弁当を作っていました。

「ラグビーで強くなるためには、体作りが必要だ」と思い始めた頃で、食事の大切さを痛感していました。

そこで「スポーツマンに必要な栄養と量の食事を作ろう」と思い立ったのです。国士舘時代、食堂でアルバイトをしていたので、ある程度料理はできました。人間、なにがどこで役に立つか、わからないものです。

朝6時半に弁当を取りに来る寮生2人と私で、毎朝16個の弁当を作りました。私は毎晩、翌日のお米三升を研いでから、眠りにつく日々を送っていました。

私が部員の弁当を作っていることが広まるにつれ、協力してくれる人が増えてきました。

「幹夫先生、毎朝弁当作ってるんだって？」から始まり「お米100キロ贈るよ」「それなら俺はご飯のお供を贈るよ」という具合に、街の人たちから、次々に食材が届くようになりました。練習後にはマネージャーがおにぎりを作り、ひとりお米一合を食べます。それは補食なので、夜ご飯とは別です。

そのような生活なので、お米は瞬く間になくなってしまいます。

あるとき、グラウンドに肉屋のトラックが来たので「どうしたんですか？」と訊くと「浜っ子の大将からです」と、私がよく行く居酒屋の大将から、たくさんのお肉が届いたこともありました。

このように、山の手高校ラグビー部を応援してくれるたくさんの人のおかげで、生徒たちの体は大きくなり、チームも強くなっていきました。本当にありがたかったです。

私のお弁当作りは、8年間続きました。

夜、お酒を飲みに行って、遅く帰ってきても、お米を研ぐことを日課にしていました。たまに忘れてしまい、夜中に飛び起きることもありましたが…。

そのような生活をしていたところ、私の高校の大先輩の田尻さん（現・

北海道ラグビー協会名誉会長）が「幹夫も大変だろう」と立派な寮を建ててくれました。そこには食堂もあるので、私は弁当づくりからようやく開放されることになったのです。田尻さんは留学生のサポートもしてくれたりと、頭が上がりません。

お昼の弁当は、お米ひとり1.5合です。寮生は、朝と夜は寮で食べます。昼は学校の食堂でお弁当を買って食べていたのですが、ラグビー選手にはその量では足りないので、昼の弁当を作っていました。

ほかに、大型の冷凍庫や冷凍食品などを持ってきてくれる人もいたり、野菜は農作教育で収穫したものをいただいて食べていました。

農作教育をするきっかけになったのは、ある人との出会いでした。とあるスキー場の斜面の一角を持っていて、そこで畑をしている人がいました。居酒屋で知り合った佐々木石雄さんです。そこで「今度、ラグビー部で畑を手伝いに行っていいですか?」と訊いたら「いつでもおいで」と言ってくれたので、スキー場まで走って行って、年に1回、畑を手伝っています。

生徒指導の一環として、畑を手伝いに行ったこともありました。

停学中の生徒を連れていき「畑仕事を手伝ったら、宿題は免除でいいぞ」と言って、作業をさせました。

警察の少年係の人や補導員も一緒に行き、悪ガキたちと一緒に汗を流すと、子どもたちの雰

年に1度、ラグビー部員を引き連れて農作教育を実施。収穫した野菜をいただき、弁当の具材使わせてもらっていた。指導してくれているのが佐々木さん

囲気も変わってくるんです。停学で家にこもって宿題をさせるよりも、こっちのほうがいいなと思ったものでした。

そこで収穫した野菜をいただき、弁当の具材にしていました。

いまは寮で食事がとれるので、朝と夜の食事の残りを、自分で弁当箱に詰めて、持っていかせています。お米はたくさんの方からいただけるので、それを食べさせてもらっています。

生徒たちも栄養の知識がどんどんついていき、体を作るためにはどういうものを食べたほうがいいのか、理解が深まってきました。

食事の量を増やし、筋トレをするようになってからは、体格が見違えるように良くなりました。他の学校と比べても、体格差は一目瞭然。基礎体力で相手を圧倒できるようになっています。

お金も時間もケチらない

2024年度の部員は男子63人、女子7人、マネージャー2人。部員の約半分が寮生です。

北海道は広いので、函館市や美幌町、遠軽町から来る子もいたりと、各地から来ています。もちろん北海道以外から来る子もいて、神奈川や大阪からも来てくれています。

いまの寮ができたのは、2019年です。それまではアパートや一軒家などを寮代わりにしていました。

様々な事情があり、一軒家やアパートを立ち退くことになり、次の候補先を探していると、誰かが話を聞きつけて、協力してくれるのです。

それも、地域に根ざしたネットワークがあるからかもしれません。

私は性格的に何でも受け入れ、すべてをさらけ出す人間です。生き様をさらけ出していると、自然と協力してくれる人がやって来るんです。

それに、どんな人の話も聞きます。どんなに忙しくても時間を作るので、ある人に「幹夫先生はお金にしろ時間にしろ、ケチじゃないですよね」と言われたことがあります。

その人は山の手高校の職員でしたが、辞めるときに「幹夫先生のように、どんなに忙しくても、しっかり時間を作ってくれて、話を聞いてくれる人はなかなかいない」と言われました。

その性分は、小さい時から変わっていないのかもしれません。

正義の味方ではありませんが、同級生が他の学校の生徒にやられそうになると、私に助けを求めてくることがよくあったんです。

とくにひどかったのが高校時代です。私が中学時代、やんちゃをしていたことは知れ渡っていたので「他の学校のやつらに絡まれている。助けてくれ」と言われ、デートの予定を泣く泣く断って、仲裁に行ったこともありました。

卒業生に泣きつかれたこともあります。

「お金に困っていて、子どもの病院代が払えない」と言われたことがあって、あげる気で2万円貸しました。

そういう小さなことはありますが、大きなトラブルはありません。

もともと、夜の11時、12時頃まで家庭訪問をしていたので、人間関係の気苦労は慣れっこです。夜の遅い時間に保護者から電話がかかってきて「先生、お願いします」と呼ばれることは、しょっちゅうでした。

そのたびに、どうやって説得しようかを考えて、その生徒と仲の良い生徒を呼んで「一緒に話をしに行こう」「学校に来るように説得しよう」と協力してもらったこともありました。

この生徒は誰かと一緒なら学校に来るなとか、飯を食いに連れていけば、そのうち来るようになるとか、タイプによって説得の仕方を変えていました。

不良になるのは、友達に流されるケースが大半です。悪い仲間と付き合っていくうちに、どんどん流されて行ってしまうのです。

そこでラグビー部に入部させて、居場所を作るとともに、悪いことをしたら、ラグビー部の仲間に迷惑がかかることを理解させます。

そうすることで「自分の行動が、周りに影響を及ぼすんだ」と、わかるようになっていきました。

流経大で能力が開花

これまで山の手高校ラグビー部から、たくさんの卒業生が巣立っていきました。

ラグビーは進学に有利な面があります。

野球やサッカーと比べて、ラグビー人口はそこまで多くないので、抜きん出た能力を持っていると「ラグビー部を強化したい」と考える大学からスカウトが来ます。

山の手高校ラグビー部は、ほとんどの生徒がスポーツ推薦で大学に進学し、ラグビーを続けます。

進学先は明治大、早稲田大、青山学院大、東海大、流通経済大、法政大、中央大、専修大、国士舘大など、関東の大学が多いです。関西は京都産業大や大阪体育大、九州の福岡大で頑張っている卒業生もいます。

流通経済大学ラグビー部監督を務めていた内山達二さんは、私のことを「出会った中で一番すごい監督だ」と、皆に言ってくれていると聞いたことがあります。

内山監督は2022年3月で監督を退任しましたが、山の手高校から、多くのOBが流経大に進学しています。

内山監督は面倒見が良く、選手を見る目が非常に優れています。その選手の能力を見抜き、将来どのように成長するかを予測する力に長けているのです。

リーグワンの相模原ダイナボアーズでプロップとして活躍しているシンクル寛造は、流経大で4年間プレーしました。

私自身、高校時代に彼を指導していたときは、いまのような選手になるとは思っていませんでしたが、内山監督の指導の下、精神的にも大きく成長を遂げました。

流経大のラグビー部には、山の手出身の選手が毎年のように入部しており、2024年度のチームは3人がレギュラーとして活躍しています。

キャプテンも2年連続で山の手のOBが務めており、昨年のキャプテンは、大学に残ってコーチをしています。今年のキャプテンは、シンクル寛造の弟、シンクル蓮です。

内山監督は山の手から流経大に進んだ選手を高く評価してくれているので、安心して送り出すことができます。

昔、やんちゃな子たちがいたときは、大学まで行かせるのは至難の業でした。当時は子どもの数も多く、競争率が激しかった面もありますが、山の手高校もまだ全国へ出場したこともなく、大学から声をかけてもらえる立場ではありませんでした。

そんな中「ラグビー部に入ってくれたら、就職も大学も必ず面倒見る」と言って説得していました。

札幌市内にラグビー部を持つ会社もあるので、そこへ行って「ひとりでもいいのでお願いします」と、採用してくれるように頭を下げたこともありました。

そのうちのひとつが『マルハニチロ畜産株式会社』です。山の手の卒業生を、何人も就職させてもらいました。

福沢諭吉の言葉ではありませんが、仕事がないのはすごく寂しいことなんです。高校卒業後の行き先があることに対して、子どもはすごく安心します。

悪い道に行く人は、やることがない、行き先がない人が多いです。それは避けたかったので、高校卒業後の進路には力を入れていました。

また、札幌にある『エア・ウォーター北海道株式会社』にも、大卒を含めて、卒業生を何人も採用してもらっています。

プロになった選手たち

マイケルのほかにも、リーグワンのラグビー選手になった人がいます。

小樽ラグビースクール出身の渡邉隆之は、コベルコ神戸スティーラーズでプレーしています。高校時代は、小樽からバスで通っていました。

とにかく体がデカくて、足もデカい。これはモノが違うなと思ったら、朝早く来て、筋トレをやっているんです。そのおかげでメキメキとスクラムが強くなり、3年生のときに高校日本代表に選ばれました。

卒業後はマイケルと同じく東海大に行き、神戸スティーラーズに入りました。2015年のワールドカップ直前に代表に入り、出場キャップを記録しています。

キャラクター的にはおっとりしていて、豊富な運動量が持ち味です。

ホンダ・ヒートで活躍している、テトゥヒ・ロバーツとは、オークランドに遠征に行ったときに出会いました。

海外遠征中、ニュージーランド式ボーリングやドッグレースのある施設に行った際、たまたまロバーツが遊びに来ていました。

中学生ぐらいに見えたので「何かスポーツしているの？」と訊くと「バスケットボール」と

答えました。

身長は188㎝程あり、体格が良かったので「我々はラグビーの合宿で日本から来ているんだ。もし良かったら、グラウンドに遊びに来なよ」と言ったら、本当に来たのです。

合宿中、山の手高校はマウリ族の集会所で寝泊まりしていたのですが、ロバーツは家から布団を背負ってきました。

そこで「日本に来てラグビーをやらないか」と言ったら「行きたいです」というので、後日、保護者と相談し、留学生として来日しました。偶然の出会いで、人生が変わるのだから不思議なものです。

舟橋諒将は、札幌羊ヶ丘中学の出身です。お父さんが、札幌パークホテルの統括総料理長をしています。インターネットで、どこのおせちがいいかなと調べていたら、お父さんの顔が大きく載っていました（笑）。

舟橋は体が大きくて足も速いです。高校日本代表に選ばれ、明治大卒業後、ヤマハ発動機ジュビロ（現・静岡ブルーレヴズ）に入りました。

伊藤鐘平は、神戸の中学校から山の手高校に来てくれました。16歳年上の兄（鐘史）が日本代表で、マイケルと知り合いだったんです。

鐘平が兄の試合を見に来ていたので「進路は決まってるの？」と訊いたら「決まっていません」

と言いました。

マイケルからも「山の手どうだ？」と言われたらしく、神戸から札幌に来てくれました。3年生のときはキャプテンになり、卒業後は京都産業大に行き、大学でもキャプテンを務めました。卒業後は東芝ブレイブルーパス東京でマイケルとともにプレーしています。

鈴木匠は相模原ラグビースクールから来ました。彼の従兄弟と兄が山の手のラグビー部だったので、その流れで来てくれました。

寮に住んでいたのですが、あまりに寒いというので、ストーブを全員分買って持っていったら、同時に付けたのでブレーカーが落ちるという事件がありました（笑）。卒業後は大東文化大学に進み、豊田自動織機シャトルズ愛知でプレーしています。

繁松哲大は札幌の手稲東中学でサッカーをしていました。それほど大柄ではなかったのですが、体幹が強く、強烈なタックルをする選手でした。

中学校の先生から「能力の高い選手がいるので、見に来てもらえませんか」と連絡をもらいました。その先生は「いまはサッカーをしているのですが、ラグビーに向いていると思うんです」と言っていました。

その先生の言葉通り、ラグビーをさせてみたらみるみるうちに上達し、山の手高校から明治大に行き、ＮＴＴドコモレッドハリケーンズ（現在はＮＴＴ再編に伴う新チーム浦安 D-Rocks

在籍）に加入しました。

彼の弟もサッカーをしていたのですが、兄の影響で山の手高校に入り、ラグビーを始めました。卒業後は東洋大に進学し、４年生のときに大学選手権に出て、早稲田といい試合をしていました。

大学進学に関しては、必要とされているところ、声をかけてもらって「ぜひ来てほしい」と言ってくれるところに行くのがいいと思います。

ただ強豪だから、名門だからという理由で選んでも、実力が伴っていないと、理想と現実のギャップに打ちのめされることも多いです。

そう考えるとそこまで強豪ではなくても、レギュラーとして試合に出られる環境のほうがいいのかなと思います。

兄弟で別々の大学に進んだ生徒がいました。

その大学同士が交流戦をすることになり、試合の数日前にメンバーが発表されました。それを見た、その子のお母さんから「先生、これ本当なんですか？」と連絡が来ました。調べてみたところ、数日後の交流戦で、ともにスタメンで出場するようなのです。

二人とも関東の大学に進学していたので、試合会場も関東なのですが、そのお母さんは「家族で応援に行きます」と言いました。

それを聞いたときに「自分も来いという意味なのかな」と思い「私も行きます。試合前に宿泊するので、前夜祭をしましょう」と言って、ご家族と食事をしました。それもすごく楽しかった思い出です。

私の夢は、卒業生の試合を見に、日本全国や海外に行くこと。卒業生の追っかけをして、これからの人生を過ごせたらと思っています。

ただし、いまなお忙しい日々を過ごしているので、夢の暮らしはもう少し先になりそうです(笑)。

東芝に入団したヴェア・タモエフォラウは、ニュージーランドからの留学生でした。

山の手高校がオークランドへ合宿に行った際、彼の親戚にあたる先輩から「山の手に推薦したい選手がいる」と紹介されました。

当時、ヴェアはラグビーをプレーしてはいましたが、本格的には取り組んでいませんでした。

山の手高校に入った後、練習についていくことができず、泣きべそをかいたこともありました。入学直後は練習についていくのがやっとで、体力面で課題がありました。中学時代はラグビーを遊び程度にしかやっていなかったので、ナンバー8として求められるタイムを出すのも難しかったようです。

ヴェアは高校時代、ナンバー8としてプレーしていましたが、東芝ではプロップとしてプレーしています。

高校時代、私もヴェアをプロップに転向させようと考えたことがあったのですが、彼は「父は自分がナンバー8でプレーする姿を見たがっている」と言って拒否したのです。ナンバー8は花形的なポジションで、攻守にわたってボールに絡むことが求められます。ちなみに東芝ではマイケルがナンバー8を務めています。

ヴェアは体が大きく、パワーもありますが、機動力に欠けていました。だからこそ私は、彼がプロップに転向すれば、日本トップレベルの選手になれるのではないかと考えたのです。

しかし、高校では転向を拒否。その後、進んだ京都産業大学で、大学4年時に、コーチから「プロップに転向すれば、どこかから声がかかるぞ」とアドバイスされ、コンバートしました。コーチの言葉どおり、プロップに転向したおかげで、東芝に入団することができたのです。

経験不足な部分はありますが、持ち前のパワーは抜群です。チームメイトのマイケルに鍛えてもらいながら、成長していってほしいと思います。

SAPPORO
YAMANOTE

5

佐藤流
指導法

指導のバイブルは『スクール☆ウォーズ』

山の手高校のコーチングスタッフは、長年チームを支えてくれている人ばかりです。

花園に初めて行く前年、コーチに加わったのが、黒田弘則（2022年より監督）です。

きっかけは大学時代の恩師・二ツ森監督からの電話でした。

当時、黒田は国士舘大学で研究助手をしながら、ラグビー部のコーチをしていました。

「研究助手の任期が切れるので、面倒をみてくれないか」

二ツ森監督にそう頼まれたので、黒田に「北海道に来る気はあるか？」と訊いたところ「お願いします」と言うので、最初の2年間は非常勤講師として来てもらいました。

その後、専任になり、私の後を継いで、2022年から監督をしてもらっています。

コーチの藤井栄人も同じ頃に出会い、気がつけば20年以上の付き合いになります。その後、伊藤允晴も加わりました。

外部コーチとしては、中野茂樹と関根則仁。卒業生では森山展行が手伝ってくれています。

森山はマイケルが1年生のときの3年生でキャプテンでした。

ホストファミリーとして、来日1年目のマイケルを受け入れてくれたのが森山家です。彼は山の手高校卒業後、大東文化大学を経て、旧トップリーグのリコーで4年間プレーしました。

今でこそスタッフにも恵まれていますが、そもそも私にとって指導のバイブルと呼べるのが、ドラマ『スクール☆ウォーズ』です。あまりに感動して、体育の時間に授業そっちのけで、録画した『スクール☆ウォーズ』を見せていたほどです。

それが校長先生にバレて「変なビデオを見せていないか？」と詰められたこともありました。そこで私は「これが私の指導のバイブルです」と胸を張って答えたら、迫力に圧されたのか「わかった」と見て見ぬふりをしてくれました（笑）。

『スクール☆ウォーズ』の主人公・滝沢賢治のモデルになった、山口良治先生（元・伏見工業高校ラグビー部監督）にもお会いしたことがあります。

トンボ学生服主催のスポーツ教室で、山の手高校にラグビーを教えに来てくれたのです。『スクール☆ウォーズ』で描かれた「悪ガキをどう教育するか」という考え方は、私の教員人生に大きな影響を与えました。

私が教員になった頃は、校内暴力が残っていた時期で、ドラマのようにバイクで学校に乗り込んでくる輩もいました。

そのような不良を相手に、体を張って生徒たちを守ってきたのは、これまで書いてきたとおりです。

マイケルのインタビューを読んでいると「ミキオ先生のことを尊敬している」と言ってくれたことがありました。

その理由が「生徒が困っていると、一番最初に助けに来てくれるから」というものでした。

とはいえ、全員を更生させることができたわけではありません。

ラグビー部に入ったけど、学校を辞めてしまう子、暴走族に戻ってしまう子もいました。

そのようなケースもありましたが、無力感を覚えることは、不思議とありませんでした。

それはおそらく、「相手のために、これだけしてあげたのに」という気持ちを持っていないからだと思います。

それが、長く指導を続けることができた秘訣なのかもしれません。

ノーペイン、ノーゲイン

30年以上の指導者生活で、たくさんの子どもを見てきました。

ラグビーも勉強もそうですが、意識が高い子は伸びます。

忍耐力や生きていく力、たくましい力がある子が伸びていきますし、ラグビーはそこが鍛えられるスポーツだと思います。

私自身、これまでの人生を振り返って、ラグビーを通して身についたものがたくさんあります。子どもの頃から高校までは、比較的自由に過ごしてきましたが、国士舘大学に進んで、想像以上の厳しさに直面しました。

そのときに「自分を捨てなければいけない」と、生まれ変わった気持ちで大学生活をスタートさせました。

当時は厳しさのあまり、新入部員の半分以上が辞めてしまうような環境でしたが、自分に足りない部分に気づかせてくれて、力をつけさせてくれたことは、非常に感謝しています。

山の手高校ラグビー部は、設立当初はまったく厳しくありませんでした。練習に来てくれればOKという感じです。

そんななかでラグビーを通じて、忍耐力や仲間意識が芽生え、チームワークが良くなっていきました。

ラグビーの精神を表す言葉として有名な「ワンフォーオール、オールフォーワン」「ひとりはみんなのために、みんなはひとりのために」という言葉がありますが、まさにそれを体現していったのだと思います。

チームのスローガンは「ノーペイン、ノーゲイン（痛みなくして得るものなし）」です。昔から好きな言葉なので愛用しています。

山の手高校ラグビー部のエンブレムにも、その言葉が入っています。

デザインしてくれたのは留学生のエペリでした。彼は卒業後、東芝に行ってプレーしました。フィジーから来たのですが「ノーペイン、ノーゲイン」という言葉を、知り合いのニュージーランド人に話したところ、叩かれるとか、痛いとか、ネガティブなイメージが先行し、あまり良い意味には受け取られなかったそうです（苦笑）。

私が思うに、日本代表を強くしたのも、ハードワークであり「ノーペイン、ノーゲイン」の精神ではないでしょうか。

辛い思いをして、乗り越えた先に成功が待っている。ジャパンの選手たちは、それを体現してくれています。

「ノーペイン、ノーゲイン」には、教育的な意味合いも含まれています。

現代の子どもたちに必要なのは、やり抜く力や折れない強さです。

世の中全体を見渡しても、すぐに挫折してしまう人が多いように感じます。これは、偏差値重視の教育の弊害とも言えるかもしれません。学力の高い人ばかりが評価される、学力一辺倒の風潮がいまだにあります。

もちろん、学力も必要ですが、それだけでは不十分だと思います。「ノーペイン、ノーゲイン」の精神を身につけることで、学力とは異なる能力を伸ばすことができるのではないでしょうか。これは、偏差値や数値では測ることができない、大切な要素です。

人生は長く、様々な経験をする中で、辛いことも多くあるでしょう。しかし、ラグビーに打ち込んだ経験は、そんな時に立ち返れる原点になるはずです。厳しい3年間をやり抜いたことが自信につながり、人生の糧になることは間違いありません。

ラグビー部の4つのルール

ラグビー部の理念は、ラグビーを通して学んだ精神を活かし、一人の人間として成長することです。

感謝の気持ちを忘れず、誰からも愛され、信頼される存在となり、社会に貢献できる人間になることを目指しています。

この理念は、「ラグビーを通じて、部員一人ひとりを人間的に成長させたい」という思いが込められています。ラグビーが上手いか下手かではなく、人としてどれだけ成長できるかが重要なのです。

ラグビー部には4つのルールがあります。

1．ラグビー部員としてのプライドを持つこと
2．ルールやマナーを守ること
3．仲間や相手選手を尊重すること
4．困っている人がいたら助けること

部の立ち上げ当初は、チームに迷惑をかけるようなことを簡単にしてしまう部員がいました。しかし、時間が経つにつれ、この4つの精神が浸透してきました。

ラグビーは個人プレーとチームプレーが合わさってこそ、真のチームになります。それこそが「オールフォーワン、ワンフォーオール」の精神です。

チームが一つになるためには、方針を明確にし、全員がそれを理解した上で、それぞれが責任感を持つことが重要です。

しかし、この点がおろそかになりがちです。ただ何となく練習をしているだけでは不十分で、部員一人ひとりが理解しているかどうかをチェックする必要があります。そのためにミーティ

ングやノートを活用していました。

ラグビーノートで成長

ラグビーノートには、日々の生活でどのようなことをしているのか、練習や試合に対してどのように考えているのかなどを書かせていました。

ノートをチェックしながら、選手たちがどのように成長しているのか、何を考えているのか、どのような課題を持って取り組んでいるのかなどを確認します。

ラグビーノートを導入したのは、花園に行き始めてしばらく経ち、シード校に本気で勝たないといけないと思っていた、20年程前です。

最初は1冊のノートを持ってきて、いろいろと書かせていました。その後、ノート屋さんが見本を送ってきたので、それに変更しました。

私が指導の第一線を退いた後は、ラグビーに特化したノートをコーチが見つけてきたので、それを使用しています。

ラグビーノートを始めた理由は、選手の考えを知りたかったからです。

書いたものを見ながら「なるほど、こう考えているんだ」「こいつは適当だな」などとチェックをし、「もっとしっかり書け」「お前の考えはわかった」など、返事として一言書いていました。ノートを書くことで、選手たちの理解度や取り組みの質が変わっていきました。言われたことだけではなく、自分で考えてやるようになってきたのです。

ノートを書くことは振り返りにもなります。過去のプレーを思い出して書くことで、「あのときのプレーはどうだった」「今度はこうしよう」と考えて実行するようになります。

このような取り組みを通じて、個人として、チームとしてやることが明確になっていきました。

山の手スタイル

札幌山の手高校ラグビー部は、次のようなスタイルを目指しています。

1．グラウンドを広く大きく使い、15人一体となったラグビー
2．フォワードを全面に押し出したラグビー
3．エリアを意識したラグビー（敵陣22ｍで戦う）

花園に行き始めた頃は、経験者が少なかったため、このようなラグビーは現実的ではありませんでした。

当時はハイパントを多用するなど、ライバル・函大有斗高校に勝つためのラグビーを徹底していました。

でも現在、山の手ラグビー部が目指しているのは、プレーしている選手も、見ている観客も楽しめるラグビーです。そうすることが、ラグビーの魅力を大きく広めることにもなると思っています。

世界的な流れを見ても、ラグビースタイルに変化が見られます。

かつてはボールを前に蹴って、こぼれ球を拾ってぶつかるようなラグビーが多かったですが、ヨーロッパの「5カ国対抗」が、イタリアが加わり「6カ国対抗」に変更された2000年頃から、ボールを保持し、繋いで攻め込むスタイルが主流になっています。

ジャパンもそのようなスタイルで、ワールドカップで面白いラグビーを見せてくれました。

マイケルを始め、山の手のOBが3人プレーしている、東芝ブレイブルーパス東京も、そのようなラグビーをしています。いつ攻撃が開始されるのか、いつ攻め上がるのかなどを予想しながら観戦するのも面白いです。

高校のトップレベルのチームも、そのようなスタイルが多くなっています。

私が監督として臨んだ、最後の花園。シード校・大阪桐蔭との試合では、グラウンドを広く大きく使い、フォワードを全面に押し出したラグビーができていました。負けはしましたが、非常に印象的な試合でした。

シード校との差

花園での目標は「打倒シード校」です。私が指導していた時期はシード校には及ばず、あと一歩のところまでは行ったのですが、なかなか勝つことができませんでした。２０２４年も、この目標は変わらず、教え子でもあるコーチたちに託されています。

シード校と試合をして感じたのは、体作りの重要性でした。山の手の選手たちとは、体の大きさが全然違ったのです。

そのため、食事と筋トレに力を入れることにしました。

ラグビー部の選手は、1日に3食どころではなく、5食ほど食事を取ります。補食として、授業と授業の間の休み時間におにぎりを食べることもあります。

また、練習終了後の1時間以内、できれば30分以内におにぎりを食べるようにしていて、マネージャーがご飯を炊いて、用意してくれています。

筋トレは毎日1時間行っています。通学生は学校が始まる前の朝7時から8時までの間に、寮生は寮の食事の時間などを考慮して、練習終了後に行っています。

曜日によってトレーニングする部位を変えるなどして、効率的に鍛えています。練習後、さらに筋トレを行うのは大変ですが、それぐらいやらないと、全国で戦うことのできる体はできません。

トレーニングマシンは、グラウンドの横にある部屋にあり、学校の中にもトレーニング室があります。最初は中古のマシンを安く譲ってもらったり、寄付を受けて買ったりしました。

またシード校に勝つためには、選手層の厚さも重要になります。連戦を勝ち抜くために、どれだけ質の高い選手を揃えることができるか。そこは、これからも追及していかなければいけないと思っています。

コーチの役割

コーチには、体作りを担当するフィジカルコーチ、戦術を担当する戦術コーチ、スクラムを専門とするスクラムコーチ、フォワードを担当するフォワードコーチ、バックスを担当するバックスコーチなど、それぞれの役割があります。

コーチ陣は定期的に集まり、各担当の進捗状況を話し合い、現在の時期に合わせたトレーニング内容を明確にし、チーム全体で共有できるようにしました。これが全国で勝つために最低限必要なことであり、この取り組みをしてから、チーム力がアップしたように思います。

私が監督最後の年、シード校を追い詰めることができたのは、この取り組みの成果と言えるでしょう。

チーム力アップのためには、選手、コーチ、スタッフ、チームに関わる全ての人が、何のためにやっているのかを理解し、チーム全体の方向性を一つにすることが重要です。

選手には、チームに何かしてもらうのではなく、チームのために何ができるかを考え、自分の責任を果たすことを求めています。監督やコーチに言われたことだけをやっていても決してチームは強くなりません。

チームの一員として、試合に出る選手も出ない選手も、寮生活を送る選手もそうでない選手も、それぞれの立場で「チームのために」を考えて、自発的に行動することが大切なのです。

そのために、密なコミュニケーションを欠かすことはできません。

ラグビーには細かな作戦がありますが、フォワードはラインアウト、バックスはセットプレーからのサインプレー等を成功させるため、日頃から選手同士で話し合い、すり合わせていく必要があります。

コミュニケーションを高めるために、試合映像を見ながらのミーティングを頻繁に行っていました。

映像分析では「モールの分析をしてほしい」「バックスのあの場面を切り取って分析してほしい」などの指示をもとに、コーチが映像を用意します。

私が監督を退いてからは、新しい取り組みとして「スプライザ」という分析ソフトを使っています。

ミーティングではコーチが説明し、選手たちがそれを聞く形式でしたが、現在は選手自身がスマートフォンなどで映像を見て、分析できるようにしています。

強化の3本柱

攻撃

・セットプレーの安定（スクラム、ラインアウト、キックオフ）

・ゲインラインアタック
・ボールキープしてポゼッションを上げる
・高速展開

守備
・ハードタックル
・1人目ロータックル、2人目ボールチャレンジ
・早いセットアップ、BIG（Back In Game）
・ラインスピード、コネクション（コミュニケーション）

トランジション
・攻守の切り替えスピード
・ルーズボールへの反応
・ターンオーバーからの攻撃
・キックからの攻撃、守備

山の手ラグビー部では、3つの柱を軸に、チームとして、個人として大切にしていることを言語化しています。

これができないと、強いチームと対戦した際にガンガン攻められてしまい、ほころびが出てきてしまいます。

基本的なプレーを繰り返し練習し、できるようになってくると、精神的な面でも成長が見られます。我慢強くプレーすることで、相手チームは嫌がるようになってきます。

強いチームほど、切り替えやボール保持、セットプレーなどの基本的なプレーをしっかりとこなしています。

とくに花園でベスト8に進出するようなチームは、これらのプレーを確実にで

現在は黒田弘則監督のもと、プレーしている選手はもちろん見ている観客も楽しめるラグビーを目指している

きているだけでなく、個人の強さやスキルも兼ね備えています。

チームのキーワードは「Pursue」（パースゥー）。これは「追求・追究・追及」を意味する言葉です。「追求」は目的のものを手に入れるために、どこまでも追い求めること。「追究」はどこまでも深く調べて、明らかにしようとすること。「追及」は後から追いかけて、追いつくことを表しています。

チームには毎年、主将、副将、フォワードリーダー、バックスリーダーの4人からなるリーダーグループがあります。さらに、寮長も重要な役割を担っています。

これらのリーダーたちは、定期的に集まってミーティングを行い、チームの方針や課題について話し合います。

リーダーグループの存在は、チームの結束力を高め、選手間のコミュニケーションを円滑にする上で欠かすことができません。

また、コーチングスタッフとリーダーグループが密に連携することで、チーム全体の目標達成に向けた取り組みをスムーズに進めることができます。

最終的には、彼ら自身が考え、どうしたら勝てるかを「追求・追究・追及」してほしいと思っています。

戦術・戦略・戦法

私にとっての指導の勉強は、強豪校の練習を見学することでした。

北見北斗高校が全道大会を15連覇したことがあり、そのうちの12連覇に関わったのが、橋本定彦先生でした。

私が羽幌高校に行くときに、校長が「知り合いがいる」と言って、電話をかけてくれた先生です。

橋本先生はその後、札幌北高校の教頭になったのですが、そのときに「一度でいいので、うちの練習を見てください」と頼み込みました。

快く引き受けていただき、グラウンドに来て「見ているから、普段どおりにやってみろ」と言われました。

橋本先生が見守る中、練習が終わって「どうでした？　北見北斗とどこが違いますか？」と訊くと「意識が全然違う」と言われました。

「ただ練習をしているだけ。それじゃあだめだ。もっと夢中になってやらないと」

その言葉が胸に響き、練習に向かう姿勢、取り組む姿勢を重視するようになりました。

それと同時に、大阪の巴山さんに教わった3年計画のもと「戦術・戦略・戦法」の観点から、できること、できないことを紙に書き出しました。

戦略面では、毎年行っている、ニュージーランドの高校との交流が大きな刺激になりました。ニュージーランドの指導は「コーチング」で、私がしていた指導は「ティーチング」でした。彼らは選手たちに「考えさせる」指導をしていたのです。

試合になるとあまり口出しせず、選手たちの自主性に任せていました。

ニュージーランドで、指導者講習会に参加したことがあります。元オールブラックスの人が来て、質疑応答や実技形式のトレーニングを行いました。

指導の様子を見ていると「こうしなさい」「これはだめだ」などとは言わず「キミはどう思う?」「こういう考え方もあるんじゃないか?」など、指導者と選手の間で、双方向のコミュニケーションをとっていました。

私は指導者が選手に教える、ティーチング的な指導しか経験してこなかったので、とても新鮮に感じると同時に「選手たちの考えを聞くことも大事なんだ」と感銘を受けました。

うまくいかないプレーがあるときは「こうしなさい」と正解を教えるのではなく「どうしたい?」と相談に乗り、話し合いながら解決策をみつけていく。それが大切なのだと思います。

とくに指導者になりたての頃は「自分が教えてチームを強くする」「選手をうまくする」と考えがちです。

しかし、その姿勢では決してうまくいきません。

かつての強豪チームは、指導者が選手を従わせて、指示に対して何も考えずに「ハイ!」と返事をして、言われたとおりにするのが良しとされていました。

その様子を外から見ていて、個人的には嫌だなと感じたものです。

幸いなことに、私は周りの指導者に恵まれ、たくさんの勉強をさせていただきました。

大阪に遠征に行ったときは、大阪朝鮮高級学校の監督をしていた金信男（キム・シンナン）先生に、大変お世話になりました。練習会場でスープを作ってくれるなど、手厚く歓迎していただきました。

大阪工大高（現：常翔学園高）ラグビー部の野上友一先生や修猷館高校（福岡）の岡本圭吾先生を始め、たくさんの方々にお世話になりました。

私がセブンズの北海道代表の監督になったときは、元セブンズ日本代表監督の佐野順さんに指導を仰ぎました。

当時、私はセブンズの知識がなかったので「セブンズとはこういうものだ」という基本を教えていただきました。

その年、北海道高校選抜チームのカナダ・アルバータ州遠征があり、7戦全勝して帰ってきました。そのときに北海道代表のコーチを務めていたのが、佐々木陽平先生です。当時は若手指導者ながら、トレーニングのことをしっかりと考えて、体作りをはじめ、熱心に取り組んでいました。

これは将来、いいコーチになるぞと思っていたところ、後に静岡聖光学院高を率いて、チームを花園に導きました。

佐野さんにはその後も山の手高校のセブンズの臨時コーチになっていただいたところ、2014年第1回全国セブンズ大会では、強豪の佐賀工業高校を破り、全国ベスト8になりました。第3回大会では全国トップクラスの強豪・常翔学園や御所実業（奈良）を破り、ベスト4に入りました。

佐野さんは独自のセブンズ理論を持っており、非常に勉強になりました。また、毎年練習後に二人で山菜取りに行くのが楽しみでした。佐野さんの足が漆にかぶれたのも、今となっては良い思い出です。

コーチの語源は英語で「馬車」

ラグビー界も時代とともに変わってきています。

指導ライセンスが制定され、トップダウンではなく「選手たちが自主的に考え、判断する余地を与えよう」といった考え方も広まりつつあります。私が体験した、ニュージーランドのラグビーのように。

指導ライセンス取得の過程で、ラグビー精神の重要性を再確認することもできます。

かつてのラグビー指導は合理的とは言い難く、精神論に基づくものが多かったように思います。

どれだけ厳しい練習をするか。試合ではどれだけ大きい声を出して、相手に威圧感を与えるか。そのような価値観のもと、指導が行われていた時代がありました。

試合で相手にトライされたら、隣の駅まで走らせる。砂利道でタックルの練習をするなど、いまでは考えられませんが、選手を萎縮させるような指導がまかりとおっていたのも事実です。

私はそのような考えが嫌いで、その指導では子どもたちは決してラグビーを好きになれない、うまくならないと思っていました。

日本で行われていた指導は上意下達というか、一方通行でした。

何を隠そう私自身、指導者が1から10まで教えれば強くなり、試合に勝てると思っていたのです。

しかし、その方法では選手が伸びないと、ニュージーランドに行って気付かされました。

コーチという言葉の語源は英語で「馬車」です。選手が行きたい目的地に連れて行くことが、指導者の役目なのです。

ラグビーは瞬間的な判断力が必要なスポーツです。

ある程度の戦術、戦略は授けますが、選手自身が状況に応じて、ベストの選択ができるようにしなければいけません。そうしないと、強いチームには勝てないのです。

何のための練習なのかを意識する

山の手高校が遠征でニュージーランドに行くようになったのは、2000年の頃でした。ちょうど花園に行き始めた頃で、当時の私は1から10まで自分が教えれば勝てると思い、毎年同じ事を繰り返して、抜けられない穴にはまっていました。

多くの方々の助言から「取り組む姿勢、粘り強さ、協調性、感謝する気持ち、そして自分で考えて判断する力の大切さ」を教わりました。

その考え方は、高校を卒業した後にも生きると思っています。

卒業生はラグビー界だけでなく、様々な分野で活躍しています。

彼らに伝えたいのは、広い視野を持ってほしいということ。

私自身、指導を始めた頃は、狭い視野で物事を見ていましたが、巴山さんを始め、たくさんの方から助言をいただき、世界が広がっていきました。

これも私自身の経験から言えることですが、もし仕事で悩みがあるときは「なんでこの仕事をしているのだろう」と原点に立ち返ることは、非常に意味があることだと思います。

私の根底には、ラグビー部を作った頃の想いがあります。

「ラグビーをすることで、自信をつけさせたい」

「どこにも行き場のない子たちに、居場所を作りたい」

これは、花園に連続出場するようになってからも変わりません。

そして、やるときは全力でやる、休むときは休むというメリハリをつけること。これもニュージーランドのラグビー文化から学びました。

彼らにはオンとオフがしっかりとあり、練習メニューも豊富で、次々に切り替わっていきます。

そして「何のための練習なのか」を常に意識していました。

たとえば、グラウンドを1周ダッシュして、フィジカル的にきつい状況の中で、どれだけ正確なパスを出せるかというトレーニングをしているのを見たことがあります。

練習ではうまくいくのに、試合になると失敗してしまうのは、試合をイメージしてトレーニングしていないからです。

そのため、本番でプレッシャーがかかるとミスが出てしまいます。ギリギリの試合、紙一重の試合の勝敗を分けるのはミスの有無です。ひとつのミスが失点につながり、致命傷になってしまうのです。

ニュージーランドでは、試合から逆算して、試合をイメージしてトレーニングしていました。それまでの私は試合をイメージせず、ただ負荷の高いトレーニングをすることが多かったので、とても勉強になりました。

試合で起きそうなことを、プレッシャーの中でトレーニングすることや、試合をイメージしてトレーニングすることは、日本のラグビー指導において、足りない部分なのかもしれません。

ラグビースクールを設立

２０１０年、ラグビー人口を増やすために、ラグビースクールを立ち上げました。立ち上げ当初は「リーチ マイケル基金」を作り、スクールに入ると、マイケルのサイン入りジャージをプレゼントしていました。

そのための制作費は、マイケルがポケットマネーで払ってくれました。また、2015年のワールドカップ後には臨時コーチとして来てくれました。

ワールドカップでラグビーが注目を集めるたびに「ラグビーをしてみたい」と思う子が増えます。

ワールドカップイヤーの2015年には、30人だったスクール生が倍の60人になり、2019年には130人まで膨れ上がりました。

カテゴリーは、幼稚園の年長から小学生、中学生まであります。スクール出身の子がこれまでに16名、山の手高校のラグビー部に入部しています。これからもっと増えてくると思います。うれしいのは、山の手高校ラグビー部のOBが、自分の子どもを通わせてくれていることです。

子どもの場合、スクラムなどはお遊び程度ですが、ラグビーの「少年を大人にし、大人を子どもにする」という格言を、早い年代から体感してほしいと思っています。

ラグビースクールは毎週土曜日、山の手高校のグラウンドで行っているので、興味のある方はぜひ遊びに来てください。

野球やサッカー、陸上など技術が必要なスポーツは、子どもの頃からやっている人にアドバンテージがあります。

ですがラグビーは、どんな人でもできます。身体が大きい人も小さい人も気合や根性、丈夫な身体がベースにあれば、技術面は後からでもついてきます。スクラムを組む、粘り強い選手も必要ですし、ボールを持って逃げ足が速い選手も必要です。相手にぶつかっていく、立ち向かっていく気持ちがあれば成立します。なので、高校からラグビーを始めても全然遅くはない。私はそう思っています。

実際に「お前はサッカーより、ラグビーの方が合ってるんじゃないか」と声をかけて「必要とされるところに行くのがいいぞ。サッカーでは補欠かもしれないけど、ラグビー部に来たらエースだぞ」と言葉巧みに勧誘したこともありました。

山の手高校でサッカーをするつもりだったのに、タバコがみつかってラグビー部に入った子は、ラグビーが大好きになり、40歳過ぎても社会人ラグビーをしています。

あれだけ「ラグビーじゃなくてサッカーがしたい」と言っていたのに、変わっていくんです。それほど、ラグビーには不思議な力があります。

ラグビー人口を増やすために

私は2023年より、北海道ラグビーフットボール協会の理事長を務めています。

２０１９年に副理事長になり、２０２３年に理事長に就任しました。

ラグビー協会では「ラグビー人口を増やすこと」が大きなテーマになっています。自国開催のワールドカップもあり、子どもたちのラグビー人口は増えてきました。

小学生のラグビー人口は増えましたが、ラグビー部がある中学校が少ないので、中学生になると、ラグビーではなく、他の部活に入ってしまうケースが多く、高校まで続かないという現象が起きています。

また、少子化など様々な原因があり、新規でラグビー部を作りにくくなっている現状もあります。

ラグビー部を指導する教員は、基本的にボランティアなので、労働時間の観点から、長時間練習ができないといった問題があります。

これは北海道だけでなく、全国的な問題です。

それに対して、協会としてどうバックアップしていくか。

高校の部活動の指導、管理とは違う視点でのサポート体制をどう構築していくか。それが、私が取り組んでいることです。

ラグビー人口を増やすためには、小学校から中学、高校までを繋げていくこと。そして、中高のクラブチームを増やすことも必要だと思っています。

山の手高校のラグビースクールに来てくれているのは、小中学生です。

中学生になると、ラグビー部がないので、他の運動部に入る子もいます。

そうすると、土日に部活の練習や試合があり、ラグビースクールに通えなくて、辞めてしまう子もいます。

ラグビー人口を増やすためには「ラグビーって楽しいな」と思ってもらうことが先決だと思っています。

ラグビー好き、ラグビーファンを増やすことで「ラグビーって楽しそう」「ラグビーをやりたい」と思ってもらうことや「うちの子にラグビーをやらせたい」と、親御さんたちに感じてもらえたらと思っています。

山の手高校ラグビー部には女子生徒もいます。

誰でもウェルカムなので、他の部活を辞めた生徒に「見に来なよ」と言って、それがきっかけで始めた子もいます。

現在、女子部員は8人ほどいて、男子と同じグラウンドで毎日練習しています。なかには、北海道選抜や国体のメンバーに選ばれた子もいて、熱を入れて活動しています。推薦で大学に進学しやすいので、女子もおすすめです。

子どもたちにラグビーを広める方法として、巡回指導があります。

小学校の学習指導要領にはタグラグビーが載っています。タグラグビーは危険度が低いので、始めやすいと思います。

ワールドカップで感じた、応援の大切さ

北海道には、札幌ドームがあります。

2023年には、ジャパンが札幌ドームで試合をしました。

今後もビッグゲームを招致して、北海道の人たちにラグビーの面白さを感じてもらいたいと思っています。

札幌ドームでの試合開催は、北海道ラグビー協会の働きかけで実現しました。羽幌高校時代の教え子、丹羽政彦が、日本協会とのパイプ役として活躍してくれています。

丹羽とは不思議な縁を感じます。彼が高校時代、先生と生徒の関係で付き合ったのは、たったの1学期だけです。

丹羽も「幹夫先生にラグビーを教えてもらったのは、4ヶ月ぐらいですよ」と言います。

でも、私は長い間、自分の教え子だという気持ちがありますし、彼もそう思ってくれている

ようです。若き日の私の言動が、田舎の少年の心に刺さったのかもしれません（笑）。

２０１９年、自国開催のワールドカップは、私にとって思い出深い大会でした。日本代表の試合は、１試合を除いて会場に見に行きました。

台風で札幌から飛行機が飛ばないことがあったのですが、知り合いの新聞記者が飛行機を探してくれて「旭川からなら飛びますよ」と、手配してくれました。それも良い思い出です。

山の手の生徒たちは、イングランドとフィジーの試合のボールパーソンをさせてもらいました。

イングランドは月寒ラグビー場で練習をしていたのですが、札幌市の職員を通じて「タックルマシンを貸してほしい」という依頼が来ました。快く引き受けて貸したところ、選手のみなさんがタックルバッグに全員のサインを入れて返してくれました。

ワールドカップで感じたのは、応援の大切さです。

大観衆の声援が、ジャパンの躍進を後押ししてくれました。会場で聞いた「リーチ！」コールは忘れられません。

マイケルはコンディション的に良くなかったと思いますが、よく頑張りました。満身創痍の中で、本当によくやってくれたと思います。

SAPPORO
YAMANOTE

6

関係者が語る、佐藤幹夫と札幌山の手高校ラグビー部

全国大会に行く夢を叶えてくれた
佐藤先生に、感謝しています

巴山康二
（はやま　こうじ）

1960年生まれ、大阪府出身。株式会社三英ビルサービス代表取締役。近畿大学附属高校から大阪体育大学へ進む。中学校のラグビー部で指導をスタートし、母校のコーチを歴任。その後、札幌山の手高校の外部コーチに就任し、初の花園出場に大きく貢献した。

6 関係者が語る、佐藤幹夫と札幌山の手高校ラグビー部

私が近畿大学附属高校ラグビー部のコーチをしていた頃、北海道の大会に遠征に行った際、お世話になったのが佐藤幹夫先生でした。

北海道遠征では昼間に試合をし、合間には北海道の美味しいご飯を食べに連れて行ってもらい、すぐに意気投合しました。

その後、札幌山の手高校が全道大会の決勝戦に初めて進出し、函館有斗高校に敗れました。当時の札幌山の手の印象は、大型選手がたくさんいたのですが、鍛え方が足りないな、走り込みが少ないのではないかというイメージでした。

札幌山の手が全道大会決勝で負けた後、佐藤先生から「花園に試合を見に行くので、よければ大阪で一杯やりましょう」と電話をもらいました。

最初は一日だけだったはずが、気がつけば毎晩飲みに行き、ラグビー談義に花が咲きました。その流れで「一度、大阪に練習に来ませんか」と提案させてもらいました。

札幌山の手は、毎年春に東京に遠征に行っていると聞いたので、「大阪に来てくれたら、練習グラウンドも用意するし、合同練習する高校生も見つけておきますから」という話をしました。

そして後日、佐藤先生から「大阪に行くので、お世話をお願いできますか」と連絡をもらったので、私は「わかりました」と答え、こんな話をしました。

「一度、大阪に練習に来たからといって、すぐに全国大会に行けるとは思わないでくださいね。

魔法の練習方法なんてありませんからね」

そして春休み。札幌山の手が大阪に来ました。

知り合いのツテで、大阪商業大学の学生会館を安く貸してもらえるということで、そこを宿舎にしました。宿舎の最寄り駅は近鉄河内小阪駅。花園ラグビー場の近くです。

私は駅に、佐藤先生を迎えに行きました。すると、大男の一団がこちらに向かってきます。彼らを見て、びっくりしました。

一つは体が大きいこと、もう一つは態度もでかいことでした。中にはスリッパを履いている選手もいて、全体的に格好がだらしなく、強豪チームの体をなしていませんでした。

大阪の強豪校の監督さんは躾に厳しいので、選手の身だしなみはきっちりしています。でも山の手高校の選手は、だらしない格好をして、肩で風を切って歩いてくるので、私の目は点になりました。

佐藤先生に「すごいな、このチームは」と言うと「実はたったいま、学校に苦情が入ったんです。札幌山の手高校ラグビー部のカバンを持っている選手が、電車の中で騒いでいて態度が悪い、どういう教育をしているんだって。学校から連絡が入って、注意しろと言われました」と、バツが悪そうな顔をしていました。

やんちゃな子たちを十何人も連れて、北海道から大阪まで来るのだから、気苦労が忍ばれます。

春休みの3月、大阪は結構寒いんです。でも部員のほとんどがTシャツだったのにもびっくりしました。さすが北海道の子だな、寒さに強いなと思いました。

合宿では、私の先輩や後輩、知り合いのチームに声をかけ、合同練習を行いました。高校や中学の指導者に来てもらい、スクラムを見るコーチ、ディフェンスを見るコーチ、フォワードのモールを見るコーチ、バックスを見るコーチなどに分かれて、トレーニングが始まりました。

私が札幌山の手のプレーを見て思ったのは、「大きいラグビーをしすぎている」ということでした。あれもこれも、いろいろなことを教えすぎた結果、どれも中途半端になっていたのです。

北海道のグラウンドは、一年のうち半年は雪に埋もれていて、土の上で練習をすることができません。

その上、当時の山の手の選手は、高校からラグビーを始めた子ばかり。ハンドリングがうまくいかないのに、難しいプレーをしようとしても、途中でボールを落としてしまいます。

そこで佐藤先生と話をして、「ボールを展開して、相手のディフェンスのほころびを見つけようとしても、ボールを動かしている間に落としてしまう。攻めているのに、こちらのミスで相手ボールのスクラムになるのは本末転倒だから、ボールを大きく動かすラグビーはしないでおこう」という結論に達しました。

ボールを自在に動かせるように、ハンドリングをうまくしようと思えば、高校3年間のうち、実質2年半の間にマスターしなければいけません。これはかなり難易度が高いです。

大阪の強豪校の選手は、幼稚園や小学生の頃からラグビースクールでプレーしています。その後も強豪私立付属中学や地元の公立中学のラグビー部に入部し、鍛えられて、強豪高校へ進学します。

当時の山の手の選手と比べると、ラグビーに携わってきた時間が圧倒的に違うのです。ましてや雪が降って、外で練習できる期間が限られているのに、大阪や他の地域の選手と同じような練習をしても、何もかも中途半端で終わってしまいます。それを佐藤先生に伝えると、納得してくれました。

ただし、「北海道の高校に勝つ」という視点に立つと、やりようはあると考えました。条件は同じだからです。

そこで「佐藤先生が教えている10のうち、3つに絞って、それを確実にできるようにしよう。そのために、練習を濃縮しよう」と提案をしました。

具体的には、当時の南北海道大会で7連覇していた、函大有斗高校に勝つための練習をすることにしたのです。

ラグビーのスタイルとしては、ボールを落とすリスクがあったので、あまりボールを動かさないようにしました。

攻撃はハイパントを蹴って、イーブンボールを取ること。そして、相手に取られた時のディフェンスを整理し、一生懸命やること。

「古いけど、このラグビーをしましょう。函館有斗に勝つには、有効な手立てだから」という話をしました。

さらには、ゴール前まで行く戦術や戦法を考えて、ナンバーエイトを軸にしたサインプレーに力を入れました。

練習自体、難しいことはしていません。走り負けない、スクラムを押されない。ハイパントを蹴ったときや、相手にボールを拾われたときにどうするか。どうやって網をかけて、相手を倒すか。そして、ゴール前に行った時のサインプレーです。

これなら、ラグビー経験の少ない山の手の選手たちにもできるだろうという、シンプルなことを徹底し、一生懸命やることに意識を向けました。

私が佐藤先生に伝えたのは、「札幌山の手はこういうラグビーをするんだと決めて、ブレずにやりきること」です。

「これから3年間、いろいろなことを教えるけれども、目の前の試合に勝つための練習はしないこと。3年間トータルで考えて、ブレずにやりきろう」と言うと「大丈夫です。頑張ります」と答えてくれました。

私は大阪に住んでいるので、山の手高校が合宿をするときに、知り合いのコーチを連れて行くなど、定期的に指導を行っていました。

たとえば、春に大阪で教えた練習を、北海道に戻って継続してもらい、それを私がチェックしに行くという形です。もし、どこか崩れたところがあれば、軌道修正していきました。佐藤先生は、根気強く教えていたと思います。

私が佐藤先生に協力することにした理由は、自身のラグビー人生と無関係ではありません。私が近大附属で教えていた頃、大阪予選の決勝までは行ったのですが、常翔啓光学園に負けました。現役の頃は、同じく決勝戦で浪速商業に負けて、一度も全国大会に行くことはできませんでした。

母校のコーチを退任した後、「全国大会を味わってみたかったな」と思っていたときに、佐藤先生との交流が始まったのです。

札幌山の手ラグビー部を初めて見たとき、「鍛えれば、全国大会に行けるだろう」とピンときました。大きいラグビーを止めて、10個の取り組みを3つに絞り、3倍の時間をかけて完璧にすれば勝てると思いました。

とはいえ、指導に携わるようになり、1年目は不安でした。

その年の全道大会の初戦で、またも函館有斗に10対29で敗戦。ちゃんと教えきれなかった、時間が足らなかったと感じました。

会場である北見に応援に行ったのですが、試合後、佐藤先生に「ごめんな、負けちゃったな」と言ったら、「何を言ってるんですか。去年は50点近く差があったのに、今年はたったの19点差。こんなに点差が縮まったのは巴山さんのおかげですよ」と言ってくれました。そう言ってもらえると気が楽だなと思い、大阪に帰ったのを覚えています。

2年目になると、少しずつ自信が芽生えてきました。

私が言ったことを選手たちが信じて、やろうとしてくれる様子が、ゲームの中から見て取れました。「自分たちはこれで勝つんだ」「徹底してやるんだ」という気持ちが伝わってきたんです。

佐藤先生とは「戦術・戦略・戦法」を合言葉に、チーム強化を進めていきました。

まず、どうしたいかを決めること。例えば、全国大会に行きたいという目標を立てたならば、それを頂点に置きます。これが戦略です。

次に、全国大会に行くために、どうすればいいかを考えます。それが戦術です。

全国大会に行くためには、チームを強くしなければなりません。チームを強くするためには、練習内容を考える、コーチを集める、いい選手を集めるなど、取り組むべきことがたくさんあります。

選手を集めるためには、スカウトが重要です。そのためには、各地の中学生の試合を見に行くなど、目的を決めて、実現するために実行すべきことを書き出していきます。目標から逆算して、ピラミッドのように項目を書き出し、ひとつずつ潰していくのです。

選手をスカウトするには、まず中学の監督さんと仲良くなる必要があります。信頼関係を築くためには、ただ飲みに行くだけではだめでしょう。

あなたのチームから預かったお子さんが、このように成長していますよという姿を見せなければなりません。

例えば、年賀状や暑中見舞いを、恩師宛に書かせたらどうでしょうか。

子どもに「書け」と言っても書かないので、教室に集めて、はがきを配って、「恩師に暑中見舞い、年賀状を書こう」と時間を設けます。

すると恩師は「あいつが暑中見舞いをくれた、年賀状をくれた。どういう教育をしたら、こんな風になるんだ」と、驚くと同時に喜んでくれるでしょう。

その結果、「このチームに預けてよかった」と思ってもらえ、翌年も選手を送ってくれるのではないでしょうか。

ラグビーとは関係ないことですが、佐藤先生には、「こういう細かいことから始めていかなければいけないよ」とアドバイスをさせてもらいました。

立ち上げたばかりのチームは、そのようなところから始めて、土台を作っていかなければ、いつまで経っても強豪チームに追いつき、追い越すことはできません。これはあくまで一例ですが、このような取り組みが、最終的にチームを強くすることにつながっていくのです。

戦法とは「こうやって戦うぞ」という、グラウンドの中での具体的なプレーのことを言います。私が指導していた頃の札幌山の手は、ボールをあまり動かさず、ハイパント主体のプレーをしていました。

このように「戦術・戦略・戦法」を明確にして取り組むことで、私が関わった3年の中で、2回も全国大会に行くことができました。

私自身、「全国大会を味わいたい」という思いがあり、それを叶えてくれた佐藤先生と札幌山の手の選手たちには、心から感謝しています。

花園初出場を決めた試合のことは、よく覚えています。会場は函館のグラウンドでした。対戦相手、函館有斗のお膝元です。

試合に勝って、一緒に喜んだ後、「じゃあ、大阪に帰ります」と言うと、佐藤先生が「一緒にバスに乗って札幌まで行きましょう。父兄が待っているんで、一緒に行きましょう」と、何度も引き止めてくれました。そういう気遣いをしてくれる人なのです。

全道大会で初優勝した後、記念にと思い、時計をプレゼントしました。いまでも大事にしてくれているようです。

以前、「時計をオーバーホールしたら、ピカピカになって返ってきました！」と連絡をもらったこともあります。

私は時計が好きです。父が若い時に、かわいがってもらった恩人が戦争に行くことになり、形見分けで時計をもらった話を聞いたことがありました。

そのときから「人に時計をあげるのはいいな」と感じていたので、全国大会に行くという夢を叶えてくれた佐藤先生に、感謝の意味を込めて、お渡ししたのです。

札幌山の手の強化に携わるのは3年と、最初から決めていました。3年が経ったとき、佐藤先生から引き止めの言葉をかけてもらったのですが、ズルズル行くのはよくないという気持ちがありました。

札幌山の手は、佐藤先生のチームです。きっかけを作ったら、あとは佐藤先生が切磋琢磨して、邁進するだろうという気持ちもありました。

なので「これからは自分で頑張れよ」という気持ちを込めて、区切りをつけることにしました。チームを離れてからも、佐藤先生との交流は続いています。個人的な付き合いは、チームを離れた後の方が深くなりました。

毎年のように、私の家族と佐藤先生の家族とでスキーに行ったり、うちの子は、リーチ マイケル選手と一緒にスキーをしたこともあります。

佐藤先生は気配りの人です。だから敵を作りません。すぐに練習ゲームを組んでもらえたり、合同練習を頼むと、二つ返事で引き受けてもらえるような、仲間を作ることのできる人です。先輩・後輩や出身大学など関係なしに、好かれる人だと思います。

だから、グラウンドや寮を作ってくれる人がいたり、寄付してくれる人が出てきたりと、協力者が次々に現れるのではないでしょうか。

佐藤先生は人を疑わないので、範疇を超えた人、飛び抜けた人、突き抜けた人に好かれるのだと思います。

「グラウンドができました!」「新しい寮ができました!」と、次々に報告が来るので、びっくりしっぱなしです（笑）。

出会ったばかりの頃、私は佐藤先生にあだ名をつけました。

それが「北海道のおしん」です。昔のテレビドラマで、理不尽な仕打ちに耐え忍ぶ「おしん」の姿が評判になりましたが、それぐらい辛抱強い人だと思います。

私が指導者をしていた頃は、規律のある高校で教えていたので、選手は言うことを聞いてくれました。でも、当時の山の手の選手は、聞いてはくれません。

私だったら態度が悪いという理由で干してしまう、試合で使わないような選手でも、佐藤先生は「いや、必要なんです」と言って、我慢して使うんです。「どうやってあの選手を説得したんですか？」と聞くと、「焼き肉の食べ放題に連れて行って、話をしました」などと言って。本当に辛抱強いなと思いましたね。

佐藤先生は、ラグビーを教えすぎないのもいいのかもしれません。

私の印象ですが、札幌山の手出身の選手は「燃え尽き症候群」になる子が少ないです。実際、大学や社会人で活躍する選手もたくさんいます。

高校の時に選手を絞りすぎると、卒業する時に伸び切ってしまうというか、「もうラグビーはいいや」と思う子が出てきてしまうんです。

山の手の選手は、伸びしろを残して上のカテゴリーに行くので、その先で吸収して伸びていくのだと思います。

私が今後の佐藤先生と山の手高校に期待するのは、「元旦に花園でラグビーをしてほしい」ということです。

佐藤先生にはずっと言っているのですが、私たちの頃、高校ラグビーの1回戦は、元旦から始まりました。今は3回戦が元旦です。

なので「元旦にゲームをしよう」と。そのために、これからも、シード校に勝つチームづくりに励んでもらいたいです。大阪から、応援しています。

すべての教育者は、
佐藤幹夫から学べ！

丹羽政彦
（にわ まさひこ）

1968年生まれ、北海道出身。北海道ラグビーフットボール協会理事。元・明治大学ラグビー部監督。羽幌高校から明治大学に進学し、4年時には大学選手権優勝に貢献。卒業後、清水建設に入社し、関東社会人リーグで2度の優勝を経験した。2013年に明治大学ラグビー部の監督に就任し、2017年度まで監督を務めた。低迷するチームを改革し、最終年度は連覇を続ける帝京大学と大学選手権決勝で1点差の準優勝。2018年はチームアドバイザーとして、22年振りの大学選手権優勝に導いた。

私が幹夫先生と出会ったのは、羽幌高校に通っていた、高校3年生のときでした。もう35年の付き合いになります。

幹夫先生が臨時教員として羽幌高校に赴任し、ラグビー部を指導してくれたのが、長い縁の始まりでした。

当時のラグビー部の顧問は島田克彦先生といって、日本体育大学で柔道をしていた方でした。ラグビー経験はありませんでしたが、ラグビーが好きで部を立ち上げたのです。ドラマ『スクール☆ウォーズ』全盛の時代、当時の羽幌高校ラグビー部にはやんちゃな子も多くいましたが、部はそれなりに強く、私が高校に入学する前の年に、初めて全道大会の準決勝まで勝ち進みました。

幹夫先生が赴任した頃、私は3年生でキャプテンを務めていました。一学年下には、能力はあるのにちゃんとしていない連中がいて、彼女との関係が悪くなると練習に来なかったり、部活をボイコットするなど、好き勝手やっていました。

幹夫先生はそういった生徒を捕まえて、「いいから練習に来い」と実力行使をする日々。山の手高校ラグビー部を創部したときと同じようなことを、すでに羽幌高校でしていたのです。

幹夫先生からはラグビーの専門的なことを教わり、チーム全体が成長していきました。後に、私たちの代も全道大会の準決勝に進むのですが、幹夫先生がいなければ、もっと早い段階で負けていたかもしれません。

幹夫先生との関わりは、たった4ヶ月間でしたが、3年分以上の価値があると感じています。

当時、国士舘大学のラグビー部は非常に強く、先端的なプレーをしていました。それを見習うきっかけにもなりましたし、幹夫先生自身も体が動く時期だったので、一緒にプレーしてくれたことが印象に残っています。

ああ見えて、運動神経は抜群。いつもニコニコしていましたが、掴まれたらぶん投げられるほどの力強さを持っていました。

ラグビー部を作った島田先生は、チームをまとめる能力に長けていて、地域の人々を仲間にする力を持っていました。幹夫先生も、そういったことを島田先生から学んだのだと思います。

幹夫先生はあまり先生っぽくなく、目線を私たちのところまで下ろして、付き合ってくれました。

そんな人だったので、今でも私たちの世代は慕っていますし、飲み会をしたりと、交流が続いています。

幹夫先生は指導者として、選手たちの成長を常に考えていた人でした。

いつもニコニコしていましたが、芯があって、チームを強くしたいという思いを持っていました。

幹夫先生の指導の特徴は、生徒を見捨てないことだと思います。これは今の学校の先生たちに足りないところかもしれません。

現代は、若気の至りのような悪いことをすると、コテンパンにやっつけられてしまう時代です。悪いことは当然悪いのですが、今の時代だと見捨てられてしまうような生徒も、幹夫先生は見捨てずに、手を差し伸べていました。

札幌山の手には、リーチ マイケル選手を筆頭に、リーグワンで活躍している卒業生が多数いますが、それだけではありません。

むしろ表舞台に出ていない卒業生の中にこそ、幹夫先生に助けられた人はたくさんいます。彼らが今は社会で頑張っていて、様々な立場で恩返しをしています。

社会人になって、「自分は幹夫先生に教えてもらったんです」と誇らしげに言うＯＢがこれほど多いのは、珍しいことだと思います。

それこそが、ラグビーの本質ではないでしょうか。

幹夫先生はラグビー憲章をしっかりと持っていて、「一度始めたのだから、最後までやれ」とか、くじけそうなときに「投げ出さないでやれ」といった言葉をかけていました。

そうやって先生に引き留められ、助けられた生徒はたくさんいます。

幹夫先生は口数は少ないですが、生徒の近くに寄り添って「いいから頑張ろう」といった言葉を、事あるごとにかけていたのを覚えています。

単に強いチームを作ることだけが目的ではなく、一人ひとりの生徒と向き合い、卒業後の人生までを見据えた指導をしていたのが、幹夫先生の素晴らしいところだと思います。

留学生を入れてチームを強くしようとする、ありきたりなやり方ではなく、どうしたら彼らが良い人材に育ち、その結果、強いチームになるかを考えていました。

一般的にラグビーの指導者はコワモテなイメージがありますが、幹夫先生はそういった態度を見せず、自然体で生徒に接していました。

生徒一人ひとりと向き合い、ラグビーを通して人間性を育てようとする姿勢は、本物の教育者だと言えます。

２０２０年に札幌山の手が花園で敗退した後、私はラグビー部の強化を手伝うことにしました。

翌年は幹夫先生にとって60歳という節目の年でもあり、今まで花園で正月を越したことがなかったので、花道を飾ってあげたいと考えたのです。

実は以前にも一度、根詰めてチームを手伝ったことがありました。

幹夫先生のチームは、花園で強豪校と対戦するという、くじ運の良さを誇っているのですが、その時は後に優勝することになる、常翔啓光学園と2回戦で当たりました。

前半は接戦を演じましたが、後半に引き離されてしまい、20対41で敗戦。ただし、その試合は、多くの人に感心してもらえるような戦いができたという手応えがありました。

あのときから12年が経ち、再び、札幌山の手のグラウンドに足を運ぶ日々が始まりました。

私の関わり方は「コーチ陣のコーチ」というものでした。

技術指導も大切ですが、ラグビー部の存在価値を伝えていくことが、何より重要だと考えました。

ラグビーが上手くなりたいのであれば、他のチームでもいいわけです。でも、山の手高校ラグビー部には、それ以上の意味があるはずです。

その価値観をどうやって選手たちに浸透させていくか。それが、コーチ陣の役割でもあります。

幹夫先生は山の手高校にラグビー部を作ってから、ずっとチャレンジを続けてきたと思います。

その強い意思を継承していくことが大切で、「どのような選手を育てていきたいのか」「どのような選手になりたいのか」という信念を持たないと、時間とともに、山の手高校ラグビー部の本質が失われてしまうのではないか。そんなことを、コーチ陣にも選手にも伝えました。

私の目標は、みんなが「山の手ラグビーとはこういうものだ」と語れるようになることです。

もちろん、スキルアップも必要ですが、私が毎週末指導に行ったぐらいで、チームが強くなるわけではありません。

大切なのは、チームの作り方やマネジメントなど、幹夫先生が当たり前のようにやっていたことを、みんなが確実にできるようになること。役割を明確にして継承していけば、幹夫先生の負担も減るはずです。

そのためには、ハードワークが欠かせません。やるべきことをやり、1年間のスケジュールを決めれば、翌年にはブラッシュアップできるでしょう。

私が常々言っていたのは「山の手高校の文化とは何か」ということです。

私が監督を務めた、明治大学ラグビー部に「前へ」というスローガンがあるように、幹夫先生の志をしっかりと継承していかなければ、本当の強さは得られません。それが何なのかを、考えていく必要があるのです。

私は自分のことを、幹夫先生の一期生だと思っています。

だからこそ、幹夫先生のために頑張りたい、勝たせたいという気持ちが強いです。それは決して、明治大学の元監督だからとか、自分のためではありません。

幹夫先生にお世話になり、たくさんのことを学び、共に時間を過ごしてきたからこそ、そう思うのです。コーチや選手たちも同じ気持ちだと思います。縁があって、山の手高校に来たのですから。

何より、定年を迎える2021年は、ラグビー部を作り上げてきた、佐藤幹夫という人間の集大成の1年でした。

だからこそ、ここで頑張らなければならない。問題は相手チームではありません。私たち自身が成長し、自信を持ち、「この人のために」と思えば、きっと頑張れるはずだと、選手たちに話をしました。

そして、その年の花園。2回戦でBシード校の大阪桐蔭と対戦することになりました。また も強豪校との試合です。くじ運の良さには、毎度驚かされます(笑)。

しかしながら、山の手の選手たちは強敵を倒すべく、マインドが変わっていました。実際にその試合で活躍した選手たちは、今では大学で頑張っています。試合には負けてしまいましたが、高い意識を持てるチームになっていたのは確かです。

チームの評価は勝つことだけではありません。プロセスやゲームの内容など、様々な要素を含めて評価すべきだと思います。

あの年の山の手高校は本当に素晴らしかった。大阪桐蔭に勝てるチャンスもありましたから。幹夫先生は、謙虚に学ぶ姿勢を持ち続け、様々な指導者から吸収していきました。そういった姿勢こそが、山の手高校ラグビー部を強くした源泉なのかもしれません。

2021年の花園前の強化合宿。私がどうしても伺いたいとして、國學院栃木高校の吉岡肇先生のもとに、幹夫先生を連れて行きました。ほかにも、学ぶことが多いからと常翔学園の野上友一先生や東福岡高校の藤田雄一郎先生、、札幌山の手の礎を作った巴山さんや大阪朝鮮高級学校の金信男先生など、たくさんの方から多くを学び、指導者として成長していったように思います。今でも皆さんとは強い絆で繋がっています。

幹夫先生は、練習試合や遠征に行った際、ただ試合をして帰ってくるだけではなく、相手チームの関係者とすぐに仲良くなります。

おそらく、全国に「佐藤幹夫のためなら一肌脱ぐ」という人はたくさんいるはずです。

幹夫先生は立場ができて、あれだけの存在になっても、決して上から物を言ったりはしません。花園に何十年も出場しているのに、偉ぶることもありません。どこかユーモアを感じさせる一面もありつつ、自分の考えをしっかりと持っています。そんな幹夫先生のことを、みんなが好きになってしまうのです。

だからみんな「幹夫先生が言うなら仕方ないか」という感じで、先生について行くのだと思います。本当に不思議な人です。

札幌山の手に留学生として来た生徒たちも、たくさん助けられたことでしょう。ホームシックになったり、いろいろな問題があっても、幹夫先生は周りの人の力を借りながら、親身になって対応していました。

幹夫先生は、本当に温かい人だと思います。いろんな人に寄り添って、決して見捨てることはしません。

先生の人柄を一言で表すなら、「冬の灯」のような人だと思います。暗闇で寒く不安な中で暖かく光りを灯し、みんなが自然と寄ってくる存在。困ったときに先生の顔を見ると、また頑張ろうという気持ちになります。

今は幹夫先生が、北海道ラグビーフットボール協会の理事長を務め、私が理事をしているので、頻繁に顔を合わせています。

私としては、幹夫先生に花園でベスト16、ベスト8を一度は経験してほしいと思っています。先生はまだ、お正月に花園でラグビーをする経験をしていません。いつか、その目標を叶える手伝いができればと思っています。

2025年度から、幹夫先生は不登校の生徒たちの担当になるそうです。60歳を過ぎても、社会が直面している難題に取り組もうとしているのは、本当にすごいことだと思います。

不登校の生徒たちは、彼らなりの理由で、ちょっとしたことから不登校になっているだけなのです。そういった生徒たちを、社会に呼び戻すようなサポートをするためには、相応の気持ちと行動が必要です。それができるのが、幹夫先生だと思います。

私が幹夫先生の今後に期待することは、北海道の指導者をしっかりと育てていただくことです。

どの地区に行っても、ラグビースクール自体は非常に増えています。一方で、中学校や高校になると、どんどん部員が減ってしまう現状があります。

また、大所帯の強豪チームに行き、試合に出られないまま終わってしまう選手も少なくありません。

そのような選手を減らすためにも、中学、高校にラグビー部が増えることが重要なのですが、少子化や熱意を持った指導者の減少など、超えなければいけないハードルは多々あります。

また、北海道という広大な土地柄、地理的なハンデもあります。

そうした困難を乗り越えるだけの「情熱」を持った指導者を育成しなければなりません。在りし日の幹夫先生のように、「みんなラグビーをやりたいと言っています」と嘘をついてまで、学校にラグビー部の創設を認めさせたような、熱意と意思のある指導者が必要なのです。

幹夫先生のように、人を動かすことができる指導者がいなくなれば、ラグビーは衰退していくでしょう。だからこそ、今のうちにノウハウを伝えていくことが重要だと思います。

そういった状況に歯止めをかけるためにも、「ラグビーにはいい指導者がたくさんいますよ」というメッセージを発信していきたいです。

そして幹夫先生には、アドバイザー的な立場で、一人ひとりの指導者を成長に導いてほしいと心から思います。

幹夫先生は、今も昔と変わらない人柄を持っています。今の社会や教育界に欠落しているのは、幹夫先生のような指導者なのではないでしょうか。子どもたちと目線を合わせて、彼らの気持ちを理解することを、面倒くさがらずにやるのが教育だと、私は考えています。

学校の先生の役割は、勉強を教えることだけではありません。道徳や社会のルールを教え、間違ったことは間違っていると言ってくれる。ときには寄り添い、頑張れと背中を押してくれる存在が必要なのです。

いい指導者とは何でしょうか。ラグビーのスキルを教えることも大切ですが、それ以上に、きちんと面倒を見てくれる先生のもとに、生徒たちは集まるのだと思います。

幹夫先生のように、一人ひとりの選手に寄り添い、ラグビーを通して人間性を育てることのできる指導者が、北海道ならびにラグビー界に、もっと増えてほしいと願っています。

幹夫先生は本当に不思議な指導者です。偉ぶることもできるのですが、そんなところが全くありません。みんな幹夫先生のことが好きだと思います。嫌いな人はいないでしょう。

そんな歴史上の偉人のような人のもとでラグビーができたこと、そして今でも関係が続いていることは、とても嬉しく思っています。

幹夫先生と一緒にいると楽しいんです。

そして、偉くなっても変わりません。だから本当に、すべての教育者は幹夫先生から学ぶべきだと思います。それがすべてだと思います。

まさに「幹夫から学べ！」です。

幹夫先生は「愛と情熱の人」だと思います

内山達二

(うちやま たつじ)
※写真左

1970年生まれ、千葉県出身。國學院久我山高校でラグビーを始め、2年時に東京学館浦安高校に転入し卒業。流通経済大学卒業後、ニュージーランドに渡り、クラブチームで2年間プレー。帰国後、流通経済大学ラグビー部のコーチを経て、2004年に監督就任。2022年に退任するまで、関東大学ラグビーリーグ戦で3度の優勝。中島イシレリ選手を始め、多くの選手を育て上げた。

幹夫先生との出会いは、札幌山の手高校が花園に初出場した翌年の2001年でした。当時、私は流通経済大学ラグビー部のコーチをしていた頃で、初めて北海道に選手の勧誘に行き、挨拶させていただいたのが、最初の出会いになります。

当時の山の手高校は、高校の中では珍しく、青とオレンジの目を引くジャージを着用していました。

一般的に高校生のチームは、段柄や一色で地味な色合いのジャージが多い中、山の手高校は華やかなチームという印象で、原石とも言える可能性を持った選手が多くいるように見えました。

北海道という地から、これからの躍進が期待できそうな、面白いチームが出てきたぞと感じたことを覚えています。

山の手高校ラグビー部は、北海道の中ではとても洗練されていて、幹夫先生の指導のもと、新しいラグビーを積極的に取り入れていました。

北海道は雪が深く、練習が思うようにできない環境です。そんな中、幹夫先生はニュージーランドから様々な練習方法を取り入れ、工夫しながら指導していたのではないかと思います。

山の手高校は当初、やんちゃな生徒が多く集まる学校だったと聞いています。幹夫先生は、そういった生徒一人ひとりの個性を見極め、ポジションに配置し、ラグビーを通じて、生徒たちを更生させていこうという考えがあったのではないでしょうか。

幹夫先生は謙虚で吸収力が高く、新しいことに積極的に取り組む方です。

私は全国で選手を勧誘する中で、多くの素晴らしい指導者とお会いさせていただきましたが、皆さん「こうありたい」「このようなチームを作りたい」という強い想いを持っておられました。

特に花園に常連で何度も出場するような学校の指導者は、それぞれ強い個性があり、独特の雰囲気を醸し出していました。

しかし、幹夫先生は他の指導者とは真逆の存在で、だからこそ異彩を放っていました。

いつもニコニコしていて、あまり多くを語らない。決して偉そうな素振りは見せず、威圧感もありません。逆に何を考え得ているのかわからない感じで、他の方々とはキャラクターが大きく異なり、それが幹夫先生の魅力だと感じています。

幹夫先生の特徴は、聞き上手なところです。

傾聴力がとても高く、知性溢れる方です。思いやりの心を持ち、相手の話に耳を傾ける。そんな姿勢から得られる気づきを大切にして、人と関わっていく。

それが、幹夫先生が「人たらし」「愛されキャラ」と言われるゆえんかもしれません。男女問わず、多くの人から慕われているのは、そのためでしょう。

幹夫先生は、ドラマに出てくるような、見た目が派手で、自信満々なカリスマタイプではありませんが、不思議と人を引き付ける魅力があります。

ふわっとした猫のような雰囲気を持ちながら、気取ったところがない。一言で表すなら、「かわいい人」ですね。大先輩にそんな言い方をするのは大変失礼だと思いますが、すごくチャーミングな方だなと思います。

見た目は優しい一方、内面には、強靱な芯の強さを感じます。それがあるからこそ、人に優しくできるのだと思います。

例えば、学生のために毎朝お弁当を作るなど、他の人がしないような大変なことを、当たり前のようにニコニコしながらします。しかも、そのことを決して鼻にかけたり、自慢したりはしません。

そんな大人のカッコかわいらしさ（カッコいいのに可愛らしい）、女性にもモテるかわいらしさが、幹夫先生にはあります。これが母性本能をくすぐるような、女性にモテる魅力なのでしょうか。私はそういった魅力を全く持ち合わせていないので、悔しい限りです（笑）。

幹夫先生のもとに協力者が次々と集まってくるのは、先生の実行力とこの「カッコかわいらしさ」によるものだと思います。

不言実行で、行動で示すことを大切にしている人です。自分がやるべきだと思ったこと、やりたいと思ったことを、少しずつでも確実に実行に移していく姿勢が、人を動かすのだと思います。

そして、幹夫先生の行動の根底には「何のためにやるのか」という明確な目的意識があるように見受けられます。

周りの人たちと良好な関係を築き、傾聴力と思いやりの心を持って接する中で、人は本物の想いを感じ取るのだと思います。

私が長年、幹夫先生とお付き合いさせていただいている中で感じたのは、先生が常に学生たちの「今」を大切にしているということです。

今、どうすれば学生たちに気づきを与えられるか、やる気を引き出せるか、自信を持たせられるか。そういったことを常に考え、実践している人だと思います。

そうした日々の積み重ねが、未来へと繋がっていくのではないでしょうか。

おそらく、幹夫先生自身の行動規範にも、そういった姿勢があるのではないかと思います。

大きなことは語らずとも、目の前のことを着実に、丁寧に行う。そんな幹夫先生の姿勢に、多くの人が共感し、協力の手を差し伸べるのだと思います。

私が流通経済大学ラグビー部の監督に就任した2004年以降、山の手高校の選手たちが、入学してきてくれるようになりました。

山の手高校から来てくれる選手は、可能性を秘めた選手が多いです。

大学に進んでも、さらには社会人になっても、リーチ マイケル選手を筆頭に、伸びしろがある選手が多いという印象があります。

近年では、シンクル寛造（三菱重工相模原ダイナボアーズ）や原田季弥、シンクル蓮（今年度キャプテン）など、山の手高校のOBが、主力として活躍してくれました。

2023年度のキャプテンは、原田季弥が務めました。私は彼にキャプテンになってもらいたいと思い、山の手高校時代に声をかけました。

体格は小柄ですが、彼のプレースタイルを見て、うちのラグビーにぴったりだと感じたのです。私が理想とする7番の選手像は、体を張ってタックルし、誰よりも献身的にチームに貢献する選手です。そんな理想像を、原田に見出しました。

だからこそ、絶対にうちのチームに来てほしいと思い、幹夫先生にお声がけさせていただきました。

現在、リーグワンでプレーするシンクル寛造は体格があり、以前から注目していました。うちのチームで鍛えれば、トップリーグ（リーグワン）で活躍できるだろうと期待していました。

幹夫先生のDNAをしっかり受け継ぎ、ユーモアがあり誠実な性格と素晴らしい能力の持ち主なので、将来的には日本代表に入ってほしいと思っています。

選手の勧誘をしていた頃、私には、幹夫先生のような、「素晴らしい指導者の下で育った選手を獲得したい」という気持ちがありました。

選手個人の資質は重要ですが、その選手が伸びるかどうかは、高校時代の習慣や、監督・コーチ陣の指導によって大きく左右されると思うことがあります。

山の手高校の選手たちは、みな人柄が良く、おおらかな印象があります。日本各地から集まった生徒が、北海道の3年間で磨かれていくのでしょう。伸びしろがあり、大きく成長する選手が多いと思います。

北海道らしいおおらかさと、競技と教育としてのラグビーを両立させるというマインドセットを、幹夫先生が作り上げ、黒田先生や伊藤先生、藤井先生がしっかりと引き継いでいる印象があります。

ラグビーに取り組む前に、人としての基本であり、当たり前のことを当たり前にやるという空気感を大切にしているようです。かといって堅苦しくするのではなく、ラグビーを楽しませるバランス感覚も持ち合わせていると感じます。

そして、高校でラグビーは終わりではなく、その先の可能性を見据えているのも特徴だと思います。

北海道という最北の地から、関東や関西に出て行き、勝負してやるというマインドを秘めているのも、山の手の選手の特徴ではないでしょうか。

私自身、北海道と沖縄の選手のリクルートに力を入れていました。それは地理的な条件もあり、彼らのチャレンジ精神を買っていたからです。

「本州でチャレンジしてやる」という気概を持って来る選手は、少なからずいると思います。それも山の手スピリッツなのかもしれません。

北海道の人々は、北海道のプライドがあり、仲間を大事にする気質を持っています。そうした道民性は、一致団結して取り組むことが大切な、ラグビーというスポーツに向いていると思います。

小さなことにこだわらず、やると決めたらとことんやり抜く。そんな姿勢は、北海道の人々ならではの魅力だと感じています。

幹夫先生は監督を退任され、現場の一線は退かれましたが、いまでも交流は続いています。どういうわけか、偶然ばったり会うことも多いんです。

例えば、日本代表の試合を見に行った際、たまたま入ったお店で一緒になって、ビールを飲んだこともありました。試合終了後に、「飲みに行こう」なんて話になることもあります。

山の手高校が遠征で来た際には、幹夫先生がいらっしゃれば、お会いしていろいろな話をしたりもします。私が札幌に行けば、先生とお話しする機会があり、楽しく過ごさせていただいています。今でも、先生にはかわいがっていただいていると感じています。

驚いた一つのエピソードがあります。

札幌で高校の選抜大会があり、懇親会での出来事です。指導者の皆さん、お酒が好きなので、結構飲むのですが、幹夫先生はどんなに飲んでも、夜遅くなっても、さっと席を立って帰られるんです。

理由を聞くと、「明日の子どもたちのお弁当を作らなきゃいけないから」と。

「今からですか？」と聞くと、「もちろん。絶対に作るよ」と笑顔で答える先生。「昨日、こんな食材をもらったから、明日はこれを使って作ってあげるんだ」と、とても嬉しそうにワクワクした様子で話すんです。

どんなに遅くなっても、嬉しそうに子どもたちの食事を作るために帰っていく姿は、とてもカッコ良く、感銘を受けました。

あの姿は、私自身の学びにもなりました。あれこそが本当の愛と情熱なのだと。

幹夫先生の中には、子どもたちへの愛、北海道への愛、そしてラグビーへの愛が深く根付いているのだと思います。

山の手高校への今後の期待としては、常に可能性を追い求め、進化し続ける存在であり続けてほしいです。北海道のラグビー界を牽引するチームとして、さらなる発展と活躍を願っています。

山の手高校のOBは、各方面で活躍されています。

幹夫先生が築き上げた「幹夫イズム」「愛・情熱」は、これからも山の手高校に受け継がれ、脈々と続いていくことでしょう。

そのイズムが、新たな世代の選手たちを育んでいく原動力になると信じています。

6 関係者が語る、佐藤幹夫と札幌山の手高校ラグビー部

あとがき

もしあの時、ラグビー部に誘われていなかったら、今頃、何をしていたのでしょうか。

いくら考えても、答えは出てきません。

私の人生は、ゴールまで導いてくれる人がいて、そのレールに沿って歩んできたのだと、思わずにはいられません。

人生の節目節目で様々な人が現れ、私を助けてくれました。

兄貴の勧めていた中学校に見学に行かなければ、体育教師を目指すことはなかったと思います。

国士舘大学の二ッ森監督に出会わなければ、真心を込めて生徒の面倒を見る教師にはなれなかったでしょう。

北海道の教員採用試験に合格していたら、札幌山の手高校に勤務することはなかったはずです。

ホタテ漁の手伝いをしていなければ、羽幌高校に赴任することもなく、丹羽政彦にも出会えなかったに違いありません。

豊浦高校に赴任していなければ、小樽潮陵高校に行くこともなかったと思います。

小樽潮陵高校の向かいに住む、(お父さんが札幌市の教育委員会に電話してくださった)佐藤公昭君の家に遊びに行かなければ、札幌市立前田中学校に赴任することもなかったでしょう。

前田中学校での飲み会で、金子先生が私の向かいに座っていなければ、札幌山の手高校に行くことはなかったはずです。

山の手高校の三井先生が校長に進言してくださらなければ、ラグビー部の創設を認めてもらえなかったと思います。

また、三井先生が保護者会で謝罪してくださらなければ、ラグビー部は存続できなかったでしょう。

三井先生が毎晩のようにすすきのに連れて行ってくださらなければ、私は酒に強くなれなかったに違いありません。

巴山康二さんとの出会いがなければ、山の手高校は花園に出場できなかったはずです。

内山達二監督をはじめ、多くの大学の監督の方々と知り合うことがなければ、山の手高校の卒業生の活躍はなかったと思います。

ニュージーランドのマーク・イーリーさんからファックスが届かなければ、リーチ マイケルが、山の手高校に来ることはなかったでしょう。

もしマイケルがいなければ、日本代表がいまほど強豪になっていたのかどうか。想像がつきません。

そして彼が、ラグビーワールドカップで多くの人に感動を与えていなければ、山の手高校のグラウンドが人工芝になることもなかったはずです。

寮から生徒が追い出されることがなければ、現在の素晴らしいラグビー部寮は建設されなかったと思います。

このように、私の人生には多くの方々との出会いがあり、一期一会を大切にしてきたからこそ、今の自分があるのだと思います。

まさに点と点（出会い）が結びつき、線（人生）になったのです。

これからも、出会った方々とのご縁を大切にして、充実した人生を送っていきたいです。

２０２４年６月　札幌山の手高校ラグビー部・総監督　佐藤幹夫

【著者 PROFILE】
札幌山の手高校ラグビー部総監督
佐藤幹夫（さとう・みきお）

1961年、北海道小樽市出身。小樽潮陵高でラグビーを始め、国士舘大に進学。卒業後は北海道立羽幌高校、豊浦高校、札幌市立前田中学校を経て、1988年に札幌山の手高校に赴任。同年４月にラグビー部を立ち上げ、監督に就任した。部員3名から始まったチームは3年目に初勝利をあげ、5年目には札幌市でベスト3に入る。7年目の1994年には、全道大会に初出場し準決勝進出。1998 年に初の全道大会決勝に駒を進めるも、函館大学付属有斗高校に敗れる。しかし2年後の2000年、宿敵函大有斗の9連覇を阻止し、創部13年目にして初の花園出場を果たす。以降、全国高校大会に同校を21度導き、日本代表のリーチ マイケル選手も指導した。2022年から総監督。2023年から北海道ラグビーフットボール協会理事長も務める。好きな言葉「 No Pain , No Gain 」は、チームのキャッチフレーズとなっている。

No Pain, No Gain
人間的に成長する集団を目指して
札幌山の手高校ラグビー部の挑戦

2024年7月5日初版第一刷発行

著　者 … 佐藤幹夫
発行所 … 株式会社 竹書房

〒102-0075
東京都千代田区三番町8番地1 三番町東急ビル6階
E-mail　info@takeshobo.co.jp
URL　https://www.takeshobo.co.jp

印刷所 … 共同印刷株式会社